Du même auteur

Pérennité des entreprises :
la prise de pouvoir des actifs intangibles
(avec Benjamin Grange et Victor Boury),
Paris, Télémaque, 2020.

L'ULTIME POUVOIR

VÉRONIQUE REILLE-SOULT

L'ULTIME POUVOIR

La vérité sur l'impact des réseaux sociaux

LES ÉDITIONS DU CERF

Ouvrage apporté
par
Christophe Bourseiller

www.editionsducerf.fr
24, rue des Tanneries
75013 Paris

ISBN : 978-2-204-14739-2

Avant propos

L'ultime pouvoir est celui de l'opinion. Il s'agit d'un pouvoir ignoré, voire méprisé ; je peux en témoigner pour l'étudier et le décrypter depuis des années. En effet, l'opinion publique est rarement considérée comme un pouvoir à part entière, elle est presque toujours caricaturée ou tournée en dérision. Pour la plupart des observateurs, elle ne serait que le fruit de la manipulation par les élites, et en aucun cas une expression spontanée et autonome capable d'intelligence.

Dans son traité *De l'esprit des lois* (1748), Montesquieu distingue trois pouvoirs : voter les lois (législatif), les faire appliquer (exécutif), et enfin rendre la justice (judiciaire). En 1840, Balzac présente dans *La Revue parisienne* un nouveau pouvoir, celui d'informer : « La presse est en France un quatrième pouvoir dans l'État : elle attaque tout et personne ne l'attaque. Elle blâme à tort et à travers. Elle prétend que les hommes politiques et littéraires lui appartiennent et ne veut pas qu'il y ait réciprocité. » Or, avec l'arrivée des réseaux sociaux, un nouveau pouvoir s'est installé : celui de l'opinion publique qui a la capacité de s'exprimer.

Il s'agit en effet d'un cinquième pouvoir, celui de définir la réputation et de déterminer à la fois la valeur sociale de chacun et la valeur financière des entreprises. Il faut donc y être attentif, et savoir dialoguer avec elle afin de se ménager sa confiance. La construction de l'opinion est complexe et son expression sur les réseaux sociaux constitue une clé de lecture et d'action pour les individus, les figures politiques, les institutions et les entreprises. L'opinion tient son pouvoir de son mode de construction, de son expression et de sa capacité à se développer et s'organiser en ligne sur les réseaux sociaux et, plus largement, sur le web.

Pour protéger et bâtir leur réputation, les politiciens, les dirigeants et les citoyens doivent prendre en compte les biais de construction de l'opinion que sont les effets de bulle cognitive et les leaders d'opinion émergeant sur l'expression d'une émotion collective. Mais cela nécessite de connaître et de comprendre ces nouveaux paradigmes. Or, de nos jours, manipuler l'opinion publique est devenu difficile, voire impossible, si bien que les relations sociales reposent désormais sur la mise en place d'une influence réciproque et positive.

Cet ouvrage n'a d'autre prétention que de contribuer modestement à ce que le mouvement inéluctable selon lequel les réseaux sociaux constitueront l'unique réalité des générations futures ne soit pas uniquement fait de dérives et de mesures répressives pour les endiguer. Il s'agit en effet de donner une puissance positive à ce cinquième pouvoir. Une jeune artiste posait récemment la question suivante : « Sommes-nous de bons ancêtres ? » Pour y répondre, comprendre le sens de ce nouveau pouvoir porté par les réseaux sociaux est sans doute une piste. Ceux-ci doivent-ils revenir à leur essence première et permettre à l'opinion de s'exprimer posément en développant des liens entre individus par le biais de la conversation ?

Il est clair qu'aujourd'hui, ils sont surtout le lieu de tous les excès et de toutes les dérives. Les propos haineux, les injures, les fausses informations et surtout les complots y pullulent. Mais, selon l'adage, « il n'est jamais trop tard » pour changer les usages, pour revaloriser ce que l'on trouve de bon sur les réseaux sociaux : la solidarité, le partage et les liens sincères et intelligents. Il ne sera pas possible de tout changer mais il est à tout le moins possible de faire évoluer la situation. Non, les complots ne sont pas une fatalité. Ils existaient avant les réseaux sociaux mais aujourd'hui ils sont l'alpha et l'oméga de toutes les réflexions, y compris de celles des leaders d'opinion et de certains médias et journalistes qui en voient partout. Il faut changer d'approche et de regard. Il s'agit donc de faire confiance aux internautes plutôt qu'à Internet, et de parier sur l'intelligence collective plutôt que sur l'intelligence artificielle pour modérer l'expression sur les réseaux sociaux. Ces injonctions pourraient sembler un peu utopiques, mais les grands changements ne découlent-ils pas souvent d'une part d'idéalisme ?

Si la société parvient à inverser ce paradigme, alors le cinquième pouvoir ne sera pas celui des réseaux sociaux et des GAFAM mais bien celui de l'opinion et de la confiance.

Les réseaux sociaux ont changé notre relation au monde, aux autres et surtout à l'information. D'un côté, ils sont destructeurs de vérité par la propagation de *fake news* et autres théories du complot, de l'autre ils sont le garant de la démocratie avec une vigilance renforcée par le partage d'information qui permet à chacun d'effectuer une forme de *fact checking*, ou vérification des faits[1]. On a pu le constater récemment avec des talibans qui s'exprimaient de façon polie et policée sur Twitter pendant qu'en parallèle, sans filtre et en direct, de vraies images du terrain, prises par des citoyens, étaient diffusées et reprises partout dans le monde via les réseaux sociaux…

Désormais, l'accès au savoir est universel. Celui-ci se partage, se conteste, se diffuse et se configure. Ce n'est plus l'apanage des élites. Pour autant, la complexité de l'expression sur les réseaux sociaux grandit. Regarder et étudier ces derniers pour comprendre l'opinion qui s'y exprime est plus complexe qu'il

1. Il s'agit de chercher la véracité des chiffres et des informations présentés et diffusés. Cette vérification se fonde sur l'analyse des sources, de leur fiabilité et de leur recoupement.

n'y paraît. Les outils de massification permettent de mesurer les tendances, les sujets qui montent et ceux qui descendent, mais ne suffisent pas toujours à bien identifier l'ironie et encore moins les fausses informations, aussi faut-il compléter leur usage avec une analyse « manuelle » rigoureuse des expressions et des sources. Il est également nécessaire de constituer des corpus de suivi[1] qui permettent de mieux comprendre les « communautés », c'est-à-dire des groupes sociaux partageant des intérêts ou des opinions communes, et leur évolution. Finalement, les réseaux sociaux permettent d'exprimer notre propre contradiction interne : croire au déterminisme de Bourdieu tout en étant attaché à la liberté et à la rationalité des choix individuels de Durkeim.

Les réseaux portent en eux une pratique oubliée et pourtant si riche, celle de la sérendipité, c'est-à-dire la capacité à faire par hasard une découverte inattendue et à en saisir l'utilité, qu'elle soit scientifique ou pratique. Ainsi, en 2013, un article analysait la nouvelle force du web, qui permet de trouver sans chercher et qui donne parfois tant de sens au temps passé à surfer sans réel guide. À l'époque, la sérendipité était effectivement une réalité, aujourd'hui elle n'est vraiment plus possible et n'est même plus glorifiée. L'information doit venir à l'internaute et vite, et les

1. Regroupements d'émetteurs de messages comme « les journalistes », « les leaders d'un parti politique » ou « les militants et sympathisants d'un parti », qui permettent d'analyser les messages au regard de la typologie de leurs émetteurs.

algorithmes doivent faire gagner du temps et éviter les erreurs. Internet et les réseaux sociaux sont censés nourrir la curiosité infinie de chacun, mais les bulles cognitives vont dans le sens inverse. Elles ont restreint le cercle des connaissances et des convictions. C'est, là encore, sans doute réversible mais, pour cela, l'opinion doit réclamer transparence et choix.

Enfin, la dernière dérive sur laquelle il est nécessaire de réfléchir, non pas pour l'endiguer mais pour comprendre ce qui s'y joue, est celle du poids de la visibilité. L'importance de la présence sur les réseaux sociaux est désormais un indicateur utilisé dans tous les secteurs, notamment pour définir la réputation et la valeur. La visibilité est bien entendue révélatrice de la notoriété, mais elle est aussi de plus en plus utilisée comme une jauge de la « désirabilité » ou de l'intérêt suscité. Ce qui se dit sur un individu ou sur une entreprise reflète alors son image.

La digitalisation du monde et l'émergence des réseaux sociaux constituent un nouveau rapport aux autres et à la société. Sur ces nouveaux médias, où tout un chacun peut exprimer son opinion, nuance et prudence sont rarement de mise, selon la philosophe Chantal Delsol[1] : « Ce sont des personnes sans pouvoir qui mettent en cause les élites qui le détiennent. »

1. Philosophe et écrivaine née en 1947, Chantal Delsol a fondé l'institut Hannah Arendt et est membre de l'Académie des sciences morales et politiques.

Cette approche résume assez bien le sentiment global des élites face à l'expression de l'opinion.

Connaissez-vous l'ultracrépidarianisme ? Ce terme désigne l'action de donner notre avis sur des domaines dans lesquels nous n'avons pas de compétences avérées : par exemple, raconter tout et n'importe quoi sur les vaccins. Les échanges font rage sur les réseaux sociaux, et le cinquième pouvoir, celui de l'opinion collective, en a adopté le fonctionnement et l'absence de règles pour reposer sur l'ultracrépidarianisme et l'ultrasensibilité. Il tire sa force de l'effet de collectif, qui peut se transformer en effet de meute. Il ne s'agit désormais plus de savoir si c'est un élément positif ou négatif, c'est un fait, universel et certainement irréversible, en tout cas pour les années à venir. Tout l'enjeu est donc de déterminer comment se prémunir des nombreuses dérives tout en augmentant l'apport positif de ces réseaux.

La réponse actuelle aux risques et aux dérives est presque toujours le contrôle, la régulation et la sanction. La nécessité du contrôle fait en effet consensus, seule la question de leur mise en œuvre est un peu plus discutée, qu'elle passe par les acteurs privés que sont les plateformes elles-mêmes (Facebook, Twitter…) ou par la législation. La solution du collectif n'est jamais évoquée, ou plutôt est toujours rejetée. Comment, en effet, faire confiance à un collectif qui est vu comme la source des dérives en question ? La confiance est pourtant la clé. Pour qu'elle puisse fonctionner et se développer, il faut éduquer les individus. Pour autant, la confiance n'exclut pas le contrôle. Ce dernier offre précisément un cadre rassurant pour qu'elle puisse se développer. Les modalités de ce contrôle (c'est-à-dire, par qui et comment il s'effectue), seront plus simples à définir s'il s'appuie sur une confiance préalable dans le collectif.

Parmi les pistes à évoquer pour lutter contre les dérives des réseaux sociaux, on peut citer la transparence réelle des plateformes sur leurs algorithmes, la mise en place d'outils et de moyens pour que les internautes puissent collectivement modérer les propos et réguler les comportements – au-delà du signalement d'un contenu ou d'un usager, le suivi de ces signalements est un pilier intéressant de la responsabilisation de chacun –, ou encore la désignation par les plateformes d'« ambassadeurs » avec plusieurs niveaux d'implication (un peu sur le modèle du site AlloCiné à ses débuts[1]) pour jouer un rôle de guide et de modérateur.

En somme, le cinquième pouvoir, c'est l'opinion publique. Les réseaux sociaux ne sont qu'un moyen d'expression, et leur contenu n'est qu'un reflet en 3D de la société. Il s'agit donc d'un simple révélateur. Dès lors, deux attitudes sont possibles : soit on ignore

1. Le site a innové à son lancement en créant un club qui permettait à un petit nombre de membres passionnés de participer au contenu éditorial, les internautes s'autorégulant et s'exprimant ainsi dans une logique communautaire vertueuse. Les règles d'expression étant claires, elles ont été respectées et le collectif a fonctionné.

l'expression de l'opinion en continuant à vouloir la maîtriser et la canaliser, soit on l'écoute et on entre dans une logique de confiance. Tout l'enjeu est donc d'identifier les différents niveaux de signaux, de prendre la mesure des expressions massives sur les sujets de société, bref, d'écouter et d'analyser ce qui se dit, et de répondre par le dialogue pour recréer du lien.

I

Contexte socio-historique

Les réseaux sont accusés de tous les maux de notre société, et il ne s'écoule pas un jour sans qu'on les désigne comme les grands responsables des dérives du monde actuel. C'est oublier tout d'abord que ce ne sont que des supports, des outils. C'est aussi oublier que, finalement, le phénomène des réseaux sociaux n'est pas si récent. Ce qui est véritablement nouveau, c'est leur ampleur, le manque de sens pour les guider ainsi que le règne désormais sans partage de l'impulsion, de l'émotion et de l'expression à chaud.

En effet, les réseaux sociaux existent depuis toujours. Le club des boulistes, des fumeurs de cigares, le rallye pour que les jeunes se rencontrent au sein d'un même milieu social, la ligue des philatélistes et même les gangs des banlieues constituent autant de réseaux sociaux nés bien avant les plateformes numériques. Tous présentent cependant des dénominateurs communs qui les différencient nettement des nouveaux réseaux en ligne et qui expliquent en partie les difficultés actuelles que ceux-ci rencontrent.

Tout d'abord, constatons qu'ils reposent tous sur des règles claires et exigeantes qui font la valeur du réseau et qui doivent être respectées sous peine d'exclusion. De plus, ils fonctionnent toujours sur un mode de recrutement et d'intégration sélectif. Les critères peuvent être sociaux, communautaires, religieux, géographiques, sportifs, intellectuels, professionnels, passionnels ou d'intérêt, mais ils sont bien souvent très précis, restrictifs voire exclusifs. Ces réseaux adoptent aussi parfois une logique de recrutement par cooptation, voire pour certains un *numerus clausus* qui renforce encore ce sentiment puissant d'appartenance chez les *happy few* qui ont la chance d'en faire partie.

Les premières utilisations du mot « réseau » lui-même remontent au XVIIe siècle, où il était employé par les chasseurs pour désigner un tissu. Au XVIIIe siècle, il passa dans le domaine médical (réseau sanguin, réseau nerveux) et au XIXe il prit le sens de chemin (réseau routier, réseau ferroviaire). En 1954, l'anthropologue John Arundel Barnes[1] a théorisé pour la première fois le concept de « réseaux sociaux ». Depuis, l'expression a été largement utilisée pour désigner un ensemble de relations entre des groupes de personnes. Dans un monde où l'interaction entre des individus géographiquement

1. John Arundel Barnes (1918-2010) est un sociologue et anthropologue australien. C'est le premier à utiliser le concept de réseaux sociaux en 1954, dans son ouvrage *Class and Committees in a Norwegian Island Parish*.

éloignés les uns des autres est devenue indispensable, la communication doit passer par une mise en réseau, notamment afin de créer une communauté entre des personnes qui partagent des points communs, comme le présente Pierre Mercklé dans son ouvrage *La Sociologie des réseaux sociaux*[1].

On le voit, le principe du réseau social est donc très ancien et aucun ne repose sur le modèle d'ouverture absolue que l'on connaît aujourd'hui avec les plateformes en ligne. Certes, on pourrait dire que les premiers médias sociaux numériques – les forums de discussion – fonctionnaient intrinsèquement avec cette logique car ils étaient surtout fréquentés et utilisés par des initiés : les internautes. En effet, au démarrage du web, ces derniers étaient peu nombreux et présentaient un profil bien spécifique de *geek* ou de primo adoptant. Avec 4,95 milliards d'internautes en janvier 2022, soit 62,5 % de la population mondiale, la progression en dix ans a été de 170 % ! La logique de développement du web et des réseaux sociaux a modifié la donne. Désormais, s'exprimer sur Internet n'est plus réservé à un petit nombre d'initiés mais est accessible à tous.

Les réseaux sociaux sur Internet sont apparus aux États-Unis en 1995 avec la création, par Randy Conrad[2], de Classmates Online, qui n'a été connu

1. Paris, La Découverte, 2016.
2. Randy Conrads, diplômé en génie industriel en 1972, est le fondateur en 1995 du premier média social, Classmates.com, rebaptisé MemoryLane en 2011.

mondialement qu'en 2004. Il s'agissait d'un service de réseautage social qui, pour la première fois, offrait la possibilité à chacun d'y rechercher ses amis d'école, de collège ou d'autres lieux.

Les réseaux sociaux numériques se sont développés à partir du début du XXIe siècle à la suite de l'apparition de nouvelles technologies. Ainsi, Internet a révolutionné le monde des communications comme rien d'autre auparavant : c'est à la fois une capacité de diffusion dans le monde entier, un mécanisme de distribution de l'information et un moyen de collaboration et d'interaction entre les individus, quel que soit leur emplacement géographique.

Aujourd'hui, les réseaux sociaux ne reposent généralement plus sur des critères stricts d'intégration, leur objectif étant au contraire d'accueillir le plus grand nombre de membres. De même, les règles de fonctionnement imposées aux membres sont désormais relativement basiques, puisqu'il s'agit principalement de rester courtois et ouvert.

Il n'existe pas non plus de réelle sanction d'exclusion sur ces nouveaux réseaux, même si depuis quelque temps le sujet devient de plus en plus sensible avec la fermeture de certains comptes, et des tentatives de modération plus ou moins réussies, comme nous le verrons au chapitre X. La sanction passe bien plus par la censure, selon des règles nébuleuses et arbitraires que l'on découvre à l'usage. L'internaute n'est plus libre de publier et de dire ce qu'il veut, et les règles de modération sont obscures car uniquement laissées à la libre appréciation des plateformes, sous couvert d'obéir aux lois des États. Ainsi, il est impossible de poster sur Instagram une photo du célèbre tableau de Salvador Dalí, *Galarina*, représentant sa muse Gala, car elle a un sein dénudé. L'image sera instantanément retirée et un message « publication supprimée pour cause de nudité ou actes sexuels » s'affichera. En revanche, on peut publier sans problème la photo d'une femme en burka tenue en joue par un taliban... Faites le test, vous pourrez le constater par vous-même.

Outre le manque de règles transparentes et claires et l'absence de sélection des membres, un autre élément fondamental qui explique en grande partie la dérive des nouveaux réseaux sociaux numériques est le manque de centre d'intérêt commun, ou en tout cas de direction commune. En effet, les différentes plateformes ne rassemblent pas leurs membres autour d'une thématique spécifique, sauf sur certains forums où des « experts » discutent entre eux, ce qui revient à dire que « tout le monde parle de tout à tout le monde », ce qui finit forcément par « personne ne parle de rien à personne » puisqu'on est noyé dans la masse ! Les plateformes tentent de pallier cette difficulté avec les bulles algorithmiques, nous y reviendrons plus loin (voir chapitre VI).

Finalement, le manque de sens des nouveaux réseaux sociaux se fait de plus en plus ressentir. C'est pourtant ce sens que recherchent de plus en plus les internautes, que ce soit en utilisant des *hashtags*, en se tournant vers des réseaux sociaux plus thématiques ou en se concentrant sur des modalités d'expression clairement identifiées comme les vidéos, les photos voire les chambres vocales.

Actuellement, le seul vrai sens perçu intuitivement par les utilisateurs sur les réseaux est la frontière entre ce qui relève de la sphère privée et ce qui s'inscrit dans le registre professionnel, mais pour combien de temps encore ?

Ce manque de sens commun, de lien social, est complexe et explique une sorte de flottement qui a mené à la dérive des réseaux sociaux numériques. Même sur Facebook, pourtant censé se fonder sur des relations amicales, les choses ne sont pas si simples. Qu'est-ce qu'un « ami » sur Facebook, et comment lui prouver sa loyauté ? Au sein d'un gang ou tout simplement d'un réseau social à l'ancienne, celle-ci passait par le respect de règles bien précises et la menace de sanctions à tout instant. Sur Facebook, la sanction réside dans la censure par la plateforme selon d'obscurs critères, la régulation de la visibilité des publications selon un algorithme cognitif et la fermeture pure et simple de compte. C'est donc un système purement vertical. Les simples membres de Facebook n'ont en revanche qu'un seul pouvoir, celui de retirer une personne de leur cercle d'« amis », mais bien souvent la sanction se contente de s'exprimer par le silence.

Désormais, l'internaute peut être intégré partout, discuter avec tous, respecter ses propres règles et trouver son propre sens. Peut-être est-ce là la vraie finalité d'un réseau social qui devient média social. Mais il est fort probable aussi que ce soit la principale raison du déraillement de ce système où aujourd'hui, pour exister, il faut à tout prix être excessif. Le nouvel enjeu est de rester visible au milieu de la masse grossissante puisqu'il n'y a pas de critères à l'entrée… En effet, on y croise tout le monde : ainsi, en décembre 2022, 80,3 % des Français étaient inscrits sur les réseaux sociaux et 56,4 % en étaient des utilisateurs actifs. La progression est fulgurante, avec une augmentation de 7,1 % du nombre d'utilisateurs entre janvier 2021 et janvier 2022. Pour être reconnu, il faut donc être dans l'excès… de verbe, de photos, de vidéos, de bonheur, de tristesse, de colère, de joie, d'émotion, etc. Un réseau social est devenu un lieu où l'on ne peut pas être comme les autres si l'on souhaite être visible, et donc un lieu où la vraie vie a finalement peu de place.

Alors comment concevoir que ces fameux réseaux ne soient pas constamment attaqués et critiqués ? Comment imaginer qu'ils ne servent pas d'excuse à la société pour se dédouaner de ses propres errements ? Il s'agit donc de mieux comprendre la naissance des réseaux sociaux, leur évolution, leur fonctionnement et pourquoi pas leur avenir. Ce dernier ne peut plus être négligé, car il est devenu crucial d'avoir la foule connectée et passionnée de son côté, que ce soit pour promouvoir une application, vendre un produit ou changer une loi, voire pour lancer un nouveau courant politique ou même remporter une élection.

L'hyperconnectivité a généré de nouveaux modèles de pensée qui façonnent notre époque. Ces nouveaux modèles de fonctionnement du monde contemporain reflètent celui des réseaux sociaux : un monde ouvert, participatif et fondé sur le partage. Le but n'est pas tant l'accumulation que la circulation, ce qui a aussi modifié notre faculté d'attention. Aujourd'hui la capacité de concentration des individus ne dépasserait pas neuf secondes, soit à peine plus que celle d'un poisson rouge dans son bocal, explique Bruno Patino, spécialiste des médias, dans son ouvrage *La civilisation du poisson rouge*[1]. En neuf secondes, il faut « liker », « disliker », « swiper », partager, commenter. Tout va vite, trop vite, de plus en plus vite. Les jugements se forgent en quelques secondes, dans les instants de la superficialité. Mais cette dérive n'est pas uniquement liée aux réseaux sociaux, c'est la nouvelle donne de nos sociétés : partout, l'opinion a pris l'habitude de s'exprimer vite, et souvent dans l'excès et la caricature.

1. Bruno Patino, journaliste et actuellement président de la chaîne Arte, a publié en 2019 chez Grasset *La civilisation du poisson rouge : petit traité sur le marché de l'attention*, dans lequel il écrit : « Nous sommes devenus des poissons rouges, enfermés dans le bocal de nos écrans, soumis au manège de nos alertes et de nos messages instantanés. »

Nous sommes tous dépendants d'une poignée de plateformes qui ne cessent de se consolider pour qu'il soit de plus en plus difficile de s'en séparer. Ainsi, Facebook absorbe tous ses potentiels concurrents, comme Instagram et WhatsApp, pour créer un écosystème dont nous dépendons. Et ceux qui créent des contenus sur ces réseaux sont coincés, comme ceux de YouTube, qui doivent désormais céder les droits de leur catalogue pour partager avec la plateforme les revenus générés par leurs activités.

Comme dans le monde réel, le meilleur côtoie le pire. Sur les réseaux sociaux, on voit ainsi s'exprimer une certaine solidarité, les combats d'activistes y sont démultipliés et trouvent de nouveaux moyens de pression pour alerter la société sur divers drames et injustices. Mais on y trouve également les théories les plus nauséabondes et autres campagnes de désinformation, qui ont à présent pignon sur rue et dont les arguments sont utilisés et repris sans vergogne. C'est également un haut lieu de quiproquos, souvent dus aux différences de rythme (on attend une réponse instantanée à un message et le fait qu'elle tarde à venir suscite parfois l'impression d'une forme de rejet). Les contenus sont contradictoires, les types d'informations et de conversations très vastes, et la norme est désormais de laisser s'exprimer toutes les opinions sans juger ni intervenir. De toute façon, quels seraient les critères d'une éventuelle modération ? Qui déciderait de censurer tel ou tel propos ?

Cependant, avec les volumes de contenus grandissants, une régulation devient indispensable, mais presque impossible. Quelle régulation ? Celle des plateformes, celle des États, celles des tribunaux ? Pour être pleinement efficace, la seule vraie régulation se doit d'être rapide et de s'appuyer sur les usagers eux-mêmes, donc sur une forme d'automodération. La mettre en place nécessitera de la transparence de la part des plateformes, des formations à destination des internautes et de l'intelligence collective. Finalement, c'est sans doute là le véritable défi concernant l'avenir des réseaux sociaux.

II

Une utopie à l'origine des réseaux

Le regard saute de publication en publication ; on envoie un *like* par-ci, on poste un commentaire par-là, on reçoit une invitation pour se connecter à une vague connaissance, on regarde une vidéo d'un œil morne, puis, dans un sursaut, on passe à autre chose, inlassablement, encore et encore. D'après une étude réalisée en France en 2022, nous y passerions en moyenne 1 h 46 par jour.

Et pourtant, au départ, tout cela relevait d'une utopie. Laquelle ? Proposer à l'ensemble des êtres humains la possibilité de communiquer quand ils veulent, où ils veulent et avec qui ils veulent. La promesse est belle mais, comme nous l'avons déjà souligné, elle s'est perdue avec le temps et le nombre. Les réseaux sociaux sont devenus le cœur social d'une vie moderne dématérialisée. Leur pouvoir est en effet en croissance constante, avec un terrain de jeux qui ne cesse de s'élargir. Ainsi, en 2022, on dénombrait

4,74 milliards d'utilisateurs actifs sur les réseaux sociaux dans le monde (soit 53,6 % des habitants de la planète). Ce chiffre démentiel témoigne de l'omniprésence des plateformes, de leur enracinement durable dans les usages et dans les pratiques contemporaines. Au-delà du bouleversement anthropologique que cela a pu entraîner dans la construction des rapports humains, ces réseaux constituent une nouvelle agora populaire où chacun donne son avis, s'exprime sur tout et n'importe quoi, interpelle un ami, une personnalité publique ou même le président de la République, un espace dans lequel on peut partager des articles de presse ou des vidéos de chat, aimer les photos d'un ami ou asséner un commentaire détestable sur la dernière prestation de son équipe de sport favorite. Aucun doute, le jeu des passions humaines se déroule, aujourd'hui, sur ces plateformes : on s'y rend pour s'informer et se divertir. Ne pas y être, c'est vivre en dehors du monde, (presque) sur une autre planète.

Contrairement à ce qu'on pourrait croire, l'histoire des réseaux sociaux numériques ne débute pas avec la naissance de Facebook, mythe fondateur raconté dans *The Social Network* de David Fincher, avec Jesse Eisenberg dans le rôle de Mark Zuckerberg. En réalité, le premier réseau en ligne avéré a vu le jour en 1997 : il s'agit du site Sixdegrees.com, un nom tiré d'une théorie de sciences sociales selon laquelle nous serons tous liés d'une façon ou d'une autre par une chaîne de relations sociales comprenant tout au plus six maillons, les fameux « six degrés de séparation » que l'on doit au Hongrois Frigyes Karinthy[1]. Avec un profil pour chaque utilisateur, des listes de contacts et des messages en réseau, Sixdegrees présente les caractéristiques essentielles au bon fonctionnement d'un média social. Toutefois, le site ne rencontre pas le succès escompté et, après un rachat évalué à une centaine de millions de dollars, il sombre lentement dans l'oubli, sans connaître le succès des plateformes qui verront ensuite le jour, sans doute parce qu'à l'époque la pénétration du web dans les foyers est encore faible, et que les réseaux sociaux sont encore réservés à une très petite part de la population.

En 2000, c'est « Hot or Not » qui voit le jour, réseau social par excellence. Le concept en est assez simple : il s'agit uniquement de commenter et d'évaluer les photos des utilisateurs en fonction de leur potentiel de désirabilité physique. L'histoire veut que ce réseau social soit à l'origine de Facebook et YouTube. Aujourd'hui transformé en jeu vidéo, il pose surtout les jalons des prochaines décennies : les réseaux, à travers leur dimension sociale et digitale, seront l'une des composantes majeures de la vie moderne.

1. Frigyes Karinthy (1887-1938), écrivain et journaliste, est l'inventeur du concept des « six degrés de séparation » en 1929, une théorie selon laquelle chacun est en mesure d'entrer en relation avec un inconnu à l'aide d'une chaîne de connaissances sans dépasser cinq intermédiaires.

Dans cette veine, Friendster (en 2002) et Myspace (2003) émergent et misent sur une dimension amico-sociale. Ce sont malgré tout deux flops qui laissent un boulevard au mastodonte que l'on connaît : Facebook.

2003 constitue une année charnière pour les médias sociaux. C'est là que Mark Zuckerberg lance le site Facemash, après avoir piraté les photos de tous les élèves de Harvard. Le principe est là encore très simple : l'internaute doit voter entre deux photos d'étudiantes pour déterminer laquelle est la plus séduisante, afin d'obtenir un classement des plus belles filles de la prestigieuse université de la côte Est. Le site est loin de faire l'unanimité et, après avoir été convoqué par le conseil d'administration de Harvard à la suite de nombreuses plaintes, Zuckerberg est contraint de le fermer. En 2004, le jeune homme fonde « The Facebook », d'abord réservé à ses condisciples de Harvard, puis supprime l'article « *The* » un an plus tard, après avoir acheté le nom de domaine facebook.com pour la somme de 200 000 dollars, tout en ouvrant le site à un public de plus en plus large. Le système de classement et de notation est vite délaissé au profit du partage et de la connexion. Ainsi, le réseau social aux 2,91 milliards d'utilisateurs actifs n'est pas né dans un garage, contrairement à Apple ou Amazon, mais bien dans une chambre d'étudiant.

En outre, cette même année, ce ne sont pas moins de sept nouvelles plateformes qui voient le jour :

LinkedIn (autrefois appelé le « Myspace pour adultes »), Photobucket, Flickr, del.ici.ous, WordPress, Reddit et surtout YouTube. Sur cette dernière, la vidéo fondatrice et culte « Me at the zoo », qui compte plus de 260 millions de vues à ce jour, démarre une nouvelle ère pour le média vidéo, qui peut désormais être posté, partagé, commenté et diffusé à grande échelle.

Twitter sort de son nid en 2006 avec ce premier tweet de Jack Dorsey[1], l'un de ses fondateurs : « just setting up my twttr », d'ailleurs récemment vendu en NFT (*Non Fongible Token*) pour la somme de 2,9 millions de dollars[2]. D'abord envisagé comme un outil de communication par SMS, il offrait à ses utilisateurs la possibilité d'envoyer à leurs amis des messages tels que « *cleaning my apartment* » et « *hungry* ». Mais rapidement jugé trop coûteux et d'une utilité relative, ce modèle est transformé en un système centralisé autour d'une plateforme unique : c'est Twitter tel que nous le connaissons aujourd'hui.

La même année, LinkedIn, réseau social à vocation strictement professionnelle, ouvre le bal des modèles payants. Il est en effet le premier à proposer un forfait premium pour accéder à certains types de contenus ou de profils.

1. Jack Dorsey, né en 1976 est le cofondateur de Twitter et en a été le P.-D.G. de 2015 à 2021. Il est également à l'origine de la société de paiement électronique Square.

2. Comme l'a rapporté le journal *Les Échos* en mars 2021.

En 2007, deux artefacts majeurs des médias sociaux voient le jour : le *microblogging* qui apparaît avec Tumblr, développé par David Karp, alors âgé de 17 ans, dans sa chambre à New York, et le concept de *hashtag* (le premier étant #SanDiegoFire, destiné à centraliser sur Twitter l'ensemble des messages liés à des feux de forêt en Californie).

La dernière vague de réseaux sociaux n'intervient quant à elle qu'au début des années 2010, avec Instagram (pour publier ses photos), Pinterest (pour épingler ses centres d'intérêt) et Snapchat (pour élaborer des vidéos et photos éphémères baptisées « *snaps* », onomatopée faisant référence à un claquement de doigt au son mat et bref), pour ne citer que les plus importants.

Sur Instagram, créé en octobre 2010 par l'Américain Kevin Systrom et le Brésilien Mike Krieger, c'est notamment le filtre Polaroïd qui séduit les utilisateurs, leur offrant la capacité d'injecter une touche *vintage* à leurs prises de vues, mais en version digitale, bien sûr. Pour Pinterest, c'est une tout autre histoire. Véritable révolution pour les amateurs de décoration d'intérieur, le site est désigné par le *Washington Post*, en 2012, comme « le nouvel outil de réseautage social le plus en vogue » et de « crack numérique pour les femmes ». Les centres d'intérêt de prédilection y tournent autour de l'habitat, des travaux manuels et de la mode. Aujourd'hui, le site américain veut aller plus loin dans son modèle et cherche à devenir un véritable acteur du « social commerce », pour que les utilisateurs continuent d'épingler leurs inspirations préférées tout en achetant directement les objets de leurs désirs.

Lancé peu de temps après Instagram, Snapchat rencontre aussitôt un vif succès grâce au concept de vidéos éphémères qui disparaissent à jamais (ou pas) dans les limbes d'un monde digital inconnu. Plébiscitée par des utilisateurs issus d'une tranche d'âge plus jeune que ses concurrents, l'application connaît un engouement principalement dû à deux aspects majeurs : la possibilité d'une part de retrouver facilement ses amis et de communiquer avec eux de manière ludique, et de l'autre de fuir Facebook, réseau social de plus en plus préempté par les parents de cette tranche d'âge, phénomène consacré par l'expression « *mum is on Facebook* » (« Maman est sur Facebook »). Par ailleurs, fait amusant s'il en est, l'application devait, à l'origine, s'appeler Picaboo (adieu les *snaps*, bonjour les *pics*). En réalité, c'est un contentieux juridique qui a poussé l'entreprise fondée par Evan Spiegel et deux de ses amis étudiants à trouver un autre nom : il s'avère que Picaboo était déjà pris par une autre société. L'idée première de l'application était de partager des photos compromettantes temporaires, d'où le choix final du nom Snapchat, visant à refléter davantage le concept d'éphémérité qui est au cœur de son modèle, et de la mascotte fantôme, baptisée « Ghostface Chillah »

– en hommage à Ghostface Killah, rappeur du groupe américain Wu-Tang Clan.

Le dernier né des réseaux sociaux, et non des moindres, n'est autre que TikTok, ou Douyin de son nom chinois. Aussi populaire chez les ados en Orient qu'en Occident, la plateforme de courtes vidéos façon karaoké pour jeunes adeptes de *lip sync* et de *play-back* est née à Pékin en 2016 dans l'esprit de Zhang Yiming, alors jeune ingénieur et déjà fondateur de l'obscur ogre chinois ByteDance, entreprise à la redoutable puissance économique. L'histoire de TikTok s'accélère en novembre 2017, lorsque ByteDance, géant asiatique de la tech, envisage à la fois de concurrencer Spotify sur le *streaming* musical et Apple sur les smartphones, d'investir dans le *Smart Payement* et de conquérir le juteux marché des messageries instantanées.

Ces vagues successives et continues d'émergence des plateformes attestent bien d'une chose : les besoins des utilisateurs sont nombreux et insatiables, et il existe autant de médias sociaux que d'usages : publier des photos ou des vidéos (Instagram, Snapchat et YouTube), programmer un événement et retrouver des amis perdus de vue (Facebook), chercher des inspirations de décoration (Pinterest), jouer aux jeux vidéo (on pense à la plateforme Twitch, sur laquelle on reviendra plus loin) ou partager sa passion du karaoké (TikTok). À chaque génération son réseau social et ses usages spécifiques, à chaque communauté son espace d'interaction privilégié.

Deux anecdotes triviales suffiront à résumer ce succès fracassant et planétaire : en 2008, les réseaux sociaux ont dépassé, en termes de trafic, les sites de *streaming* pornographiques, et en 2011, un tiers des demandes de divorce en Angleterre contenait le mot « Facebook ».

III

Pourquoi une telle profusion de réseaux sociaux ?

On pourrait penser qu'une seule plateforme suffirait pour catalyser l'ensemble des interactions et besoins humains, mais force est de constater que c'est loin d'être le cas. Se limiter à un réseau social, c'est se limiter à un seul usage, c'est pourquoi on dénombre à ce jour une douzaine de plateformes principales, de nombreux espaces complémentaires et une foule de nouveaux acteurs qui viennent leur faire concurrence. À tel point qu'en 2022, les internautes étaient en moyenne inscrits sur 7,5 réseaux sociaux dans le monde, et 5,5 en France. La multitude des réseaux sociaux est réelle et grandissante. Il s'agit donc aujourd'hui de bien choisir son lieu d'expression. Pour cela, les premières questions auxquelles il faut répondre sont : pourquoi prendre la parole sur les réseaux sociaux ? Dans quel objectif ? À qui s'adresser ? Ensuite seulement viennent le « où », le « comment » et le « quoi », donc les modalités opératoires.

Pour commencer, il est sans doute utile de tordre le cou à une idée reçue fortement répandue, selon laquelle les réseaux sociaux seraient un mode de communication réservé aux jeunes et à une petite partie du grand public, à des personnalités finalement atypiques. Ce n'est pas la réalité : en 2022, 80,3 % des Français étaient inscrits sur les réseaux sociaux et 56,4 % étaient des utilisateurs actifs. On a également comptabilisé 3 millions d'utilisateurs supplémentaires en France par rapport à 2021. Le temps total passé en ligne par jour par les internautes était de 5 h 34, dont 2 h 19 via leur mobile. Avec des tels chiffres, il est difficile de nier la réalité de l'expression sur les réseaux sociaux. Certes, les personnes qui s'y expriment ne sont pas forcément représentatives de la population globale et complète d'un pays, mais leur nombre est significatif. Une étude réalisée en 2022 par Ipsos pour le kiosque numérique Cafeyn au sujet des pratiques informationnelles des Français a révélé que, si l'attrait pour la presse se maintient (46 % des Français consultent encore journaux et magazines), l'influence des réseaux sociaux est en très forte croissance : 41 % des Français s'y informent quotidiennement.

D'un bidouillage algorithmique issu d'une chambre californienne à une plateforme surpuissante d'envergure planétaire, ce que l'on envisageait il y a quinze ans comme une utopie a relevé l'incroyable défi de connecter et rapprocher plus de la moitié de l'humanité. Et si ces nouveaux prophètes sont majoritairement américains (Mark Zuckerberg, Kevin Systrom, Evan Spiegel, Elon Musk...), ils vont devoir désormais composer avec ceux de demain, principalement chinois (Zhang Ziming, Allen Zhang, Charles Chao...). L'émergence de la puissance chinoise, par le truchement des BATX (qui regroupe quatre grandes entreprises de l'Internet chinois, à savoir Baidu, Alibaba, Tencent et Xiaomi), vient ainsi donner la réplique aux GAFAM américains (Google, Apple, Facebook, Amazon, Microsoft). La question de la place des Européens est centrale. La souveraineté d'un pays sur les plateformes numériques est devenue un véritable enjeu, sur lequel les États ont pris un retard considérable. Les conséquences ne sont plus seulement économiques, elles deviennent politiques.

Des médias sociaux historiques aux plus récents, c'est aujourd'hui un marché qui se concentre essentiellement autour de quelques plateformes – on parle de 2,91 milliards d'utilisateurs sur Facebook (ce qui représente 47,1 % de la population mondiale de plus de 13 ans !), de 884,9 millions sur TikTok ou 573 millions sur le site chinois Sina Weibo. Alors que plus de la moitié de l'humanité s'agite et s'active sur les réseaux sociaux, de quoi ce foisonnement et cette offre pléthorique d'applications et de sites en tout genre sont-ils le signe révélateur ? Pourquoi de nouvelles plateformes émergent-elles en permanence ? Tout simplement parce qu'elles comblent chacune un ou des besoins humains.

Ces derniers ne renvoient évidemment pas de manière exhaustive à la pyramide des besoins d'Abraham Maslow, dont les fondements théoriques ont été établis en 1943 dans l'article *A Theory of Human Motivation*, mais certains besoins fondamentaux s'y retrouvent, notamment ceux liés à l'amour, l'appartenance, l'estime et l'accomplissement de soi.

On peut formuler ainsi la pyramide des besoins « fondamentaux » sur les réseaux sociaux :

- Rester en contact et communiquer avec sa famille et ses amis ;
- Occuper son temps libre et lire des nouvelles histoires ;
- Parler de son activité professionnelle et rester connecté à son réseau professionnel ;
- Publier et visionner photos et vidéos ;
- Relayer des articles de presse et s'informer de l'actualité ;
- Partager son opinion et discuter d'autres personnes ;
- Retrouver des amis ou relations ;
- Échanger avec des individus aux passions et convictions similaires ;
- Créer et organiser un événement ;
- Exprimer ses pulsions et émotions ;
- Se souvenir de l'anniversaire de ses proches et/ ou retrouver de vieux amis.

Si l'on prend Facebook, dont la société propriétaire est désormais appelée Meta, avatar ultime des réseaux sociaux, la firme répond aujourd'hui à nombre des besoins mentionnés ci-dessus et en particulier au premier d'entre eux : communiquer avec sa famille et ses proches (le besoin d'appartenance est ainsi assouvi). Bien que la plateforme de Mark Zuckerberg ait été la première à remplir cette fonction, c'est aujourd'hui WhatsApp (application qu'elle a rachetée en 2014) qui en détient le monopole avec ses 2 milliards d'utilisateurs dans le monde. Cette application fait désormais partie des usages de communication quotidienne au point d'être devenue indispensable pour un grand nombre de gens. Le grand désarroi causé chez les utilisateurs par les quelques pannes ayant frappé le réseau en 2023, pourtant très courtes, en témoigne.

Facebook est la plateforme la plus complète, car elle concentre à elle seule la grande majorité de ce qu'un individu vient chercher sur les réseaux sociaux : regrouper tous ses contacts à un seul endroit pour leur faire part de ses activités quotidiennes, échanger sur des sujets bien précis (la pêche à la carpe, la cueillette des champignons ou encore les résultats de l'équipe de football locale), lire un article de presse, partager ses photos de vacances ou les premiers pas de son nouveau-né, passer un coup de gueule bien senti ou transmettre une information de tout type. Mais c'est aussi une superpuissance, et une formidable machine à écraser ses adversaires : toute nouvelle plateforme, toute nouvelle initiative est vue comme « concurrente » et se voit proposer un rachat pour des montants parfois astronomiques : Snapchat aurait ainsi décliné en 2020 une offre de 3 milliards de dollars. L'entreprise Meta s'est donc construite dans une logique de pouvoir et de maîtrise absolue, et elle est désormais la maison mère de Facebook, Messenger, Instagram et WhatsApp après des rachats impressionnants : en 2012, l'application Instagram a été rachetée pour 1 milliard de dollars alors que la société ne se composait à l'époque que de quinze salariés ; en 2014, le rachat de WhatsApp a coûté 19 milliards de dollars. Meta veut par tous les moyens rester la première entreprise de son domaine et surtout garder le pouvoir.

La première motivation est donc celle du partage, qu'il s'agisse de partager une passion, une expérience professionnelle, une actualité, une opinion ou une information, l'objectif étant de créer du lien et d'intégrer une communauté, de sortir de son isolement et de se faire connaître et reconnaître.

En ce qui concerne la dimension professionnelle, qu'il s'agisse de la recherche d'un emploi, du partage avec sa communauté de ses réussites, ses promotions et ses accomplissements, LinkedIn fait office de référence en la matière. Classé dix-neuvième dans le reste du monde avec 875 millions d'inscrits, c'est le réseau numéro 6 en France avec 24 millions d'utilisateurs, dont 3,5 quotidiennement. LinkedIn constitue également un excellent outil de veille et de recherche sur des thématiques professionnelles et devient un média à part entière. Même si des tentatives comme Viadeo,

Xing et Plaxo[1] tentent de le concurrencer, aucun de ces sites n'a réellement réussi, pour le moment du moins, à détrôner LinkedIn, d'autant que ce réseau évolue constamment et expérimente sans cesse de nouvelles fonctionnalités, souvent inspirées des autres plateformes comme Instagram ou TikTok (ajout d'autocollants sur son profil pour préciser sa situation professionnelle, aide à l'engagement avec un contenu proposé en fonction de la navigation et des centres d'intérêt de l'utilisateur, personnalisation de contenus en utilisant des modèles, etc.).

Les besoins de se divertir et de s'informer sont plus secondaires. Mais si la récente pandémie de Covid-19 nous a imposé de rester cloîtrés à notre domicile, ce sont assurément les réseaux sociaux qui en ont le plus profité. Notre appétence à leur égard s'est vue renforcée et intensifiée. Puisque nous étions enfermés chez nous, ils constituaient la seule fenêtre virtuelle vers un monde à ce moment-là inatteignable, un guichet unique centralisant l'intégralité de ce que l'on recherchait pour s'informer (la santé de nos proches comme l'évolution de la situation dans le monde) et se divertir (regarder

1. Viadeo est une plateforme française qui a connu de nombreux déboires et a du mal à tenir dans la durée. Depuis 2022, elle tente de se réinventer en proposant une fonctionnalité d'avis sur les employeurs ; elle en compte aujourd'hui 6 millions sur plus de 130 000 entreprises. Xing est le réseau germanophone le plus important avec 20 millions d'utilisateurs dans la région DACH (Allemagne, Autriche et Suisse). Plaxo se positionne comme le leader mondial du carnet d'adresses en ligne, et utilise une interface avec Facebook pour recueillir des informations sur les anniversaires des contacts.

des vidéos, jouer à des jeux de société, visiter des musées virtuellement…). Dans le domaine des loisirs, deux plateformes sont reines : YouTube et TikTok. La première apparaît comme le site par essence de visionnage et de publication de vidéos, mais les modèles évoluent. Alors que YouTube cherche à se rapprocher d'un modèle à la Netflix, Facebook (avec Facebook Watch), tend à s'aligner sur le fonctionnement de YouTube. La seconde plateforme, TikTok, rencontre un succès impressionnant. Initialement connue pour ses courtes vidéos mêlant karaoké et chorégraphie, elle a rapidement accru sa capacité à divertir ses utilisateurs via des défis amusants : du #MoiGamin au « Toilet Paper Challenge » en passant par l'« Oreo Challenge[1] », cette tendance ludique fait le succès de l'application. TikTok étend aujourd'hui son audience en gardant sa spécificité autour des vidéos. C'est désormais de plus en plus souvent une plateforme « ressource » pour publier et partager partout, y compris sur les autres réseaux comme Twitter. Enfin, dernière-née dans le paysage des plateformes de divertissement, Twitch s'adresse d'abord aux passionnés de jeux vidéo en leur offrant la possibilité d'assister en *streaming* à des parties de joueurs et des compétitions d'e-sport, mais elle a récemment

1. Défi dont le nom repose sur une célèbre marque de biscuits américains fourrés à la crème, fondé sur une logique communautaire et qui a connu un grand succès. Le principe était simple : deux personnes tirent sur un biscuit pour le séparer en deux. Celle qui tient la moitié où la crème est restée a gagné. Le perdant doit appeler une ligne téléphonique dédiée qui va lui confier un gage, comme celui de jongler avec trois biscuits.

attiré d'autres publics en diversifiant ses contenus et en accueillant notamment, à partir de la fin des années 2010, des personnalités politiques.

Le besoin d'échanger de vive voix, en particulier via l'audio, s'est fait de plus en plus sentir ces dernières années. Plus qu'un simple coup de fil, la voix s'affranchit de la dimension déshumanisante des réseaux sociaux pour venir se loger dans le creux de notre oreille. C'est le principe de l'application Clubhouse, dont le succès croissant – et paradoxalement la chute rapide – atteste de ce besoin d'échanger oralement. Sur ce nouveau réseau, « haut lieu du *personal branding* », d'après le média L'ADN, où l'on ne se voit pas mais où l'on s'écoute, de grands influenceurs (les patrons Elon Musk et Mark Zuckerberg ou encore le sculpteur Ai Weiwei) distillent de manière verticale et descendante des *master class* publiques dans des *rooms*. Une véritable addiction s'installe chez les utilisateurs, certains y passant plus de 10 heures par jour. Une blogueuse britannique, Gemma Went, a d'ailleurs renommé l'application « Crackhouse ». Après plus de deux ans d'existence, l'engouement pour Clubhouse s'est complètement estompé, et d'autres plateformes se sont également lancées dans l'audio, comme Twitter avec Spaces ou Facebook avec Soundbites, ses podcasts, et ses Live Audio Rooms.

On le voit, les plateformes émergent à toute vitesse dès lors qu'un nouveau besoin se fait sentir, et elles cherchent constamment à ajouter tout un florilège de fonctionnalités à leur arsenal pour combler l'ensemble de nos désirs et aspirations.

Prenons ainsi l'exemple de Twitch, que nous avons déjà évoqué précédemment. Née en 2011, désormais propriété d'Amazon et initialement dévolue au simple *streaming* de jeu vidéo, la plateforme accueille aujourd'hui des médias traditionnels (comme *Challenges*) qui cherchent à tenter de nouvelles expériences interactives avec leur audience et toucher un public plus jeune, mais aussi des hommes politiques (l'interview de Jean Castex par Samuel Étienne restera ainsi l'un des temps forts de communication politique de l'année 2021) et d'autres émissions originales. En mai 2021, le zoo de Vancouver a parodié le phénomène des *hot tubs*, des vidéos controversées dans lesquelles des utilisateurs de Twitch se filment de manière suggestive dans leur baignoire. Désireux de sensibiliser les internautes au sort de ses loutres, le zoo a décidé de les filmer et d'en diffuser la vidéo en *streaming* 24 heures sur 24. Succès total, puisque la plateforme a enregistré 3 000 connexions jour et nuit.

Chaque plateforme remplit une fonction bien spécifique et s'adresse à un public précis. Impossible, par exemple, de réaliser une allocution présidentielle grave et solennelle sur TikTok. En revanche, pour lancer une campagne pédagogique destinée aux jeunes générations sur la nécessité de se faire vacciner, TikTok ou Snapchat sont particulièrement efficaces.

Les réseaux sociaux sont très nombreux et variés car ils exacerbent virtuellement nos passions, nous exhortant à déverser chacune de nos émotions par tous les moyens. Finalement, le sort réservé à chaque plateforme importe peu : qu'Elon Musk « détruise » Twitter aux yeux de bon nombre d'utilisateurs ou que VKontakte (anciennement Mail.ru qui compte près de 100 millions d'abonnés, majoritairement russes) ait perdu son esprit initial à force de modération et de surveillance n'a pas de réelle incidence sur la capacité de rebond des plateformes. C'est la loi de la demande et de l'offre : l'opinion veut s'exprimer, les utilisateurs ont besoin d'échanger, les réseaux sociaux s'adaptent en continu.

Ainsi, un nouvel acteur n'en efface pas un autre, de même que l'invention de la radio n'a pas tué la presse écrite, et que l'arrivée de la télévision n'a pas fait disparaître la radio. Pour autant, la multiplicité des réseaux affaiblit leur audience. Nous allons vers une segmentation de plus en plus puissante, et de plus en plus pointue. Cela demande donc en amont, de la part des utilisateurs, de déterminer finement leurs besoins et leurs objectifs pour choisir la plateforme la plus adaptée. Toutefois, les différents médias sociaux ne s'opposent pas toujours : ils peuvent être complémentaires. Ainsi, Twitch ne remplace pas Twitter mais apporte une fonctionnalité nouvelle, puisqu'à l'inverse de ce dernier, c'est un lieu participatif sur le temps long. On peut commenter une émission sur Twitch et l'annoncer sur Twitter.

Maintenant que chacun peut trouver le réseau qui lui convient, le nouvel enjeu est celui de la « fidélité » des utilisateurs, et c'est ce nouveau paradigme qui modifie l'attitude des dirigeants et gestionnaires des plateformes. Les clients (ceux qui payent) cherchant à attirer l'attention des usagers (les internautes qui produisent du contenu et créent de la valeur par l'audience), les réseaux sociaux doivent tenir dans le temps une promesse différente pour chacun : pour les premiers, celle d'une communication efficace avec des cibles qualifiées, pour les seconds (ceux qui produisent du contenu et créent de la valeur par l'audience), la possibilité d'être entendus du plus grand nombre, en toute liberté, et de voir leur contenu valorisé, donc d'être valorisés eux-mêmes. C'est là que réside la vraie motivation pour réguler le contenu relayé par les plateformes numériques qui se positionnent en quelque sorte comme des éditeurs. Mais ces deux promesses sont parfois contradictoires, puisqu'il est indispensable pour les clients d'identifier les données personnelles des usagers… C'est donc là toute la complexité du modèle économique des plateformes : grandir en maintenant l'esprit de liberté.

L'autre changement de paradigme notable est celui de la concurrence par l'innovation. Certes, cette approche a toujours existé, mais aujourd'hui elle donne sa valeur financière à un réseau, puisque c'est elle qui garantit la conquête de nouveaux usagers, donc de nouveaux clients. Cette innovation n'est plus seulement technique, elle devient comportementale, voire éthique. Les nouvelles fonctionnalités doivent répondre aux besoins premiers, que nous avons déjà évoqués, mais elles doivent aussi tenir compte des nouveaux comportements et attentes que les réseaux sociaux ont eux-mêmes créés, comme la recherche de la validation de l'émetteur (les badges bleus de Twitter, la cooptation de « gens de confiance » sur Facebook). La dernière innovation attendue est celle de l'impossibilité d'anonymat, mais elle est aussi la plus complexe à mettre en place, car souvent antinomique avec l'esprit de liberté d'expression si cher aux internautes.

Ce qui faisait la spécificité de chaque réseau (Instagram et le partage de photos élégantes au format carré, TikTok et le partage de vidéos divertissantes de 15 puis 60 secondes maximum, etc.) est en train de se lisser. Cette évolution inéluctable explique en partie l'arrivée incessante de nouveaux acteurs sur le marché des réseaux : au démarrage, la nouvelle plateforme s'adresse à une cible bien précise puis, une fois celle-ci conquise, tente d'élargir son champ d'utilisateurs. Les spécificités de chacune disparaissent alors pour séduire une audience plus large, et une guerre de conquête s'opère. Alors un nouveau réseau apparaît, qui vise à répondre à nouveau à des usages ou à des cibles spécifiques, avant de devenir lui-même plus grand public, d'entrer en concurrence avec d'autres plateformes, jusqu'à l'arrivée de nouveaux acteurs, et ainsi de suite. À cela, il faut ajouter les

« anciens » réseaux sociaux qui, pour rester à la mode et ne pas décliner, adoptent les nouvelles fonctionnalités des acteurs entrants quand ils en constatent le succès. C'est ainsi, nous l'avons vu, que le succès de Clubhouse a poussé Facebook à intégrer la fonction vocale et le concept de *rooms*.

La guerre des plateformes est bien la démonstration de la mutation perpétuelle des réseaux sociaux. La lutte pour le pouvoir explique en grande partie les choix effectués par ces acteurs sur la gestion des contenus, bien avant et bien au-delà de la notion d'éthique et de bien-pensance ! Mais nous y reviendrons plus loin.

IV

Les principaux réseaux sociaux en bref

Dis-moi où tu t'exprimes et je te dirai qui tu es !

Nous l'avons vu, la demande régit l'offre dans l'univers des plateformes sociales, et celle-ci est chaque année plus large et pléthorique. Pour autant, on peut facilement les classer en deux catégories : d'un côté « les incontournables », de l'autre ceux qui risquent de sombrer (ou l'ont déjà fait) dans l'oubli.

Les « incontournables »

Facebook, Twitter, YouTube… Les plateformes historiques ont connu leur lot d'aléas et de scandales, qu'il s'agisse du licenciement brutal de la moitié des salariés de Twitter par Elon Musk ou des mauvais choix stratégiques de Facebook vers le métavers. Bien que la disparition future de ces réseaux soit souvent évoquée, il est évident, par la place qu'ils occupent sur le marché, qu'ils vont encore faire partie de notre environnement au moins pour quelques années. Voici donc un bref tour d'horizon de ces mastodontes.

Facebook : le mirage du métavers

La plateforme créée par Mark Zuckerberg est n° 1 dans le monde, avec plus de 2,8 milliards d'utilisateurs mensuels, dont plus de 40 millions en France. La société Facebook, devenue Meta en 2021, est hégémonique et rachète tous les concurrents potentiels, comme nous l'avons vu. Elle regroupe désormais Facebook, Messenger, Instagram et WhatsApp. On estime qu'au total, ces différentes plateformes recensent plus de 2,6 milliards d'utilisateurs actifs chaque jour et 3,3 milliards d'utilisateurs actifs par mois.

Meta connaît cependant des difficultés en rafales, qu'il s'agisse de rumeurs préjudiciables, du désengagement progressif des internautes ou de son rôle actif, et vivement critiqué, dans la campagne présidentielle de Donald Trump en 2020. Récemment, une enquête du *Washington Post* a révélé que la maison mère de Facebook a financé une campagne de dénigrement de son concurrent TikTok via de multiples tribunes publiées en 2022 dans la presse américaine, sous des titres comme « TikTok est un danger pour la santé mentale des adolescents » ou « Ce challenge qui pousse les lycéens à saccager leur école ou à frapper leur professeur ». Cette campagne aurait été orchestrée par l'agence Targeted Victory, qui accompagne la firme depuis la fameuse audition de Mark Zuckerberg devant le Sénat en 2018[1]. Cette campagne de dénigrement s'appuyait sur les médias locaux pour publier des articles relevant parfois de la simple rumeur, ou bien des prétendus témoignages de parents inquiets de l'exploitation par TikTok des données personnelles de ses jeunes utilisateurs. En parallèle, d'autres articles visaient à mettre en avant les qualités de Facebook sur des sujets variés, comme celui de son soutien aux commerces tenus par des Afro-Américains. Toutefois, malgré les nombreuses critiques et polémiques, le succès du réseau social ne se dément pas. Certes, les plus jeunes ont désormais tendance à s'en détourner au profit d'autres

1. À la suite du scandale « Cambridge Analytica », Mark Zuckerberg a dû comparaître en 2018 devant le Sénat américain. Lors de cette audience, les sénateurs l'ont poussé dans ses retranchements, l'obligeant à finalement admettre que sa société était responsable du contenu publié sur la plateforme, et à reconnaître que les 87 millions de personnes affectées par l'affaire étaient effectivement des victimes. Parmi les attaques contre Facebook, celle dénonçant les conditions d'utilisation incompréhensibles de la plateforme et l'absence de maîtrise des utilisateurs sur leurs données personnelles a été très remarquée et est restée sans réelle réponse. Cette audition a marqué un tournant dans l'histoire de la plateforme, et Mark Zuckerberg s'est engagé à mettre en place une intelligence artificielle pour mieux trier les contenus à caractère haineux ou raciste.

plateformes, mais ils restent souvent inscrits et actifs sur Facebook, au moins pour organiser des événements. La mort annoncée du réseau pionnier n'est donc pas pour demain.

Quelques anecdotes et chiffres sur Facebook

- Le premier pas du métavers de Zuckerberg a été effectué au mois d'août 2021 avec la création de Workrooms, qui propose des salles de travail virtuelles ;
- Le logo de Facebook est bleu et blanc parce que son fondateur est daltonien et que le bleu est la couleur qu'il voit le mieux ;
- Dans la première version du site, le visage d'Al Pacino apparaissait sur toutes les pages ;
- Facebook est interdit en Chine ;
- On ne peut pas bloquer Mark Zuckerberg ;
- Selon une étude de l'université d'Oxford, en 2070, il y aura probablement plus de profils de personnes décédées que de personnes vivantes sur Facebook ;
- L'utilisateur moyen de Facebook contrôle son fil d'actualités sur la plateforme 8 fois par jour en moyenne ;
- Toutes les 60 secondes, on compte plus de 317 000 mises à jour de statut, au moins 400 nouveaux utilisateurs et 54 000 liens partagés sur la plateforme ;
- La page la plus populaire sur le réseau social est la propre page de Facebook, avec 214 millions de *likes* ;

- La page personnelle la plus « likée » sur Facebook est celle de Cristiano Ronaldo (122 millions de *likes*) ;
- Chris Hugues, un des cofondateurs de Facebook, a joué un rôle clé dans la première victoire de Barack Obama. En s'inspirant largement de son expérience de Facebook et en suivant deux principes fondamentaux, « *Keep it real* » et « *Keep it local* », il a réussi à créer un lien social de proximité entre le candidat et ses électeurs. Il a posé la pierre angulaire de la stratégie électorale en créant le dispositif communautaire du candidat, MyBarackObama.com. Un réseau social unique en son genre !

Twitter : le réseau qui fait tourner les têtes et fantasmer les leaders d'opinion

Twitter est le réseau le plus cité par les dirigeants et les médias, mais n'arrive qu'en cinquième position en France avec 16 millions d'inscrits, dont 5,1 millions d'utilisateurs quotidiens (contre 26,9 millions d'utilisateurs quotidiens sur Facebook). Cependant, avec 199 millions d'utilisateurs par jour dans le monde, c'est un réseau efficace pour s'adresser aux médias et faire entendre sa voix sur des sujets d'actualité. C'est avant tout le lieu des réactions dans l'instantanéité. Un sujet en chasse un autre et la notion de dialogue y a peu de place. C'est un espace intéressant pour les politiciens, les leaders d'opinion, les militants et tous ceux qui souhaitent s'exprimer dans une logique de « prise de micro » sans volonté de dialogue. Paradoxalement, Facebook et Instagram sont plus adaptés à la confrontation d'opinions et au débat, même si la fameuse bulle cognitive enferme souvent les utilisateurs au sein d'une communauté de pensée. Le 25 avril 2022, Twitter a accepté la proposition de rachat d'Elon Musk pour la somme de 44 milliards de dollars. Depuis ce rachat au montant démesuré, la personnalité du nouveau propriétaire, ses méthodes de management, sa logique marketing, sa philosophie et ses ambitions suscitent la polémique. Les mesures qu'il a prises et les déclarations qui ont suivi son arrivée ont entraîné une diminution drastique du nombre de salariés, mais pas du nombre d'utilisateurs. Twitter reste le réseau des « faiseurs d'opinion » qui se suivent les uns les autres et, bien que tous soient conscients des travers et dérives de la plateforme, de la haine qui s'y déverse, des polémiques successives qu'elle génère ou du narcissisme qu'elle nourrit, il est impressionnant de constater que très rares sont ceux qui décrochent réellement, comme la journaliste Anne Vidalie l'a fait remarquer dans un article du *JDD* en septembre 2022. On notera que, parmi les innovations mises en place depuis le rachat de la plateforme, la fonctionnalité qui permet de visualiser le nombre de vues d'une publication répond à une caractéristique des réseaux sociaux qui n'avait pas à ce jour de réponse notable. En effet, avec cette information, il est possible d'identifier la résonance et l'influence potentielle d'un post par son impression, c'est-à-dire son nombre de vues, ce qui met en évidence le rôle essentiel des *lurkers* (littéralement, « rôdeurs »), qui lisent, écoutent, regardent les discussions et informations sans y participer, et sont largement majoritaires sur Internet et en particulier sur les médias sociaux.

Quelques anecdotes et chiffres sur Twitter

- À l'origine, Twitter s'appelait twttr. Ce nom a été suggéré par Biz Stone, cofondateur, car il évoquait un numéro court utilisé pour les SMS aux États-Unis ;
- Il a fallu 3 ans, 2 mois et 1 jour pour atteindre un milliard de tweets envoyés. Désormais, ce nombre est atteint chaque semaine !
- Pour renforcer l'esprit d'équipe, les employés de Twitter doivent identifier un de leurs collègues à chaque ouverture de session d'ordinateur, à l'aide d'une photo et d'une liste de *hobbies* ;
- C'est l'acteur américain Ashton Kutcher qui, le premier, a dépassé le million de followers ;
- 41 % des utilisateurs n'ont jamais envoyé un seul tweet depuis la création de leur compte ;
- En 2017, le tweet le plus populaire provenait d'un adolescent américain, @carterjwm. Il a été retweeté 3 617 290 fois et a reçu 999 874 *likes.* Un record ! À l'origine, il avait interpellé une enseigne de restauration rapide : « Yo @Wendys, combien de retweets pour une année de nuggets de poulet gratuits ? » Ce à quoi Wendy's avait répondu : « 18 millions. » Loin de se décourager, le jeune Américain

a appelé la communauté Twitter à l'aide : « AIDEZ-MOI S'IL VOUS PLAÎT. UN HOMME A BESOIN DE SES NUGGS ». Son message, relayé par des célébrités qui se sont prises au jeu, a connu une exposition sans précédent et atteint le chiffre record de 3,6 millions de retweets. Passer de l'anonymat à la célébrité grâce à un record de retweets sur un sujet comme du poulet, il n'y a que sur Twitter que cela peut arriver !

- Tweeter en ajoutant un visuel (contenu image ou vidéo), générera plus d'interactions et aura donc plus d'impact ;
- « Vous avez tweeté » est devenu une expression à part entière, ce qui démontre l'inclusion totale des réseaux sociaux dans la société ;
- 60 % des messages ne seraient pas lus avant d'être relayés ;
- 10 % des utilisateurs sont à l'origine de 80 % du contenu ;
- 70 % des inscrits utilisent le réseau pour s'informer.

YouTube : le plus long film du monde

YouTube n'est pas toujours considéré comme un réseau social, car il est pour bon nombre d'internautes une plateforme de contenu. Pourtant, il possède toutes les fonctions d'un réseau social : on peut créer un compte, s'abonner, regarder du contenu, aimer, ne pas aimer, commenter et publier soi-même du contenu. Certaines vidéos rencontrent un succès inattendu et les commentaires postés à leur suite sont souvent particulièrement révélateurs des tendances de l'opinion. La fameuse vidéo « coup de gueule » de Jacline Mouraud, égérie éphémère des Gilets jaunes, en est la démonstration avec plus de 6 millions de vues.

Finalement, les véritables concurrents de YouTube sont la télévision et Netflix, et la plateforme en a adopté les codes. Ce réseau est avant tout une plateforme de diffusion de vidéo organisée de manière très verticale et la consultation se fait comme sur une télévision. La recherche de contenu via le moteur de recherche des programmes obéit à la logique SEO de Google[1], à l'inverse de Facebook et Instagram, où la vidéo est plutôt recommandée par l'algorithme en fonction des relations sociales.

Quelques anecdotes et chiffres sur YouTube

- En France, en 2022, YouTube a totalisé 890 millions de visites par mois et 63,9 millions d'utilisateurs uniques, ce qui en fait le deuxième site le plus visité en France après Google ;

1. Le SEO (Search Engine Optimization, « Optimisation pour les moteurs de recherche ») est aussi nommé le « référencement naturel ». Il englobe les techniques qui permettent d'améliorer la position d'apparition d'un lien dans la page de résultats d'un moteur de recherche. L'objectif est d'être positionné dans les premières places sur les requêtes souhaitées afin d'attirer les internautes.

- Le 14 février 2005, Chad Hurley, Jawed Karim et Steve Chen étaient célibataires pour la Saint-Valentin et se seraient réunis pour ne pas broyer du noir. Ils postent alors une vidéo avec un éléphant, « Me at the zoo » : YouTube est né ;
- YouTube est le deuxième réseau social le plus utilisé dans le monde avec plus de 2 milliards d'inscrits ;
- Chaque mois, 39 millions de Français de plus de 18 ans regardent des vidéos sur YouTube ;
- Le service de musique en ligne le plus utilisé est YouTube (44 %). À l'échelle nationale, il est deux fois plus populaire que le deuxième service de *streaming* musical, Spotify (20 %) ;
- Les Français passent près de 11 heures par mois en moyenne sur l'application mobile YouTube ;
- En France, il existe 450 chaînes sur la plate-forme comptant plus d'un million d'abonnés ;
- 23 % des Français de plus de 18 ans ne regardent que YouTube chaque jour ;
- Les cinq thématiques les plus populaires sont la musique, le *lifestyle*, le sport, le bricolage et la comédie ;
- En 2021, les requêtes les plus populaires en France ont été « musique », « film », « Fortnite » et « chanson » ;
- Les 25-49 ans sont 18,1 millions sur YouTube, soit 93 % de la tranche d'âge, et consomment 27 minutes de vidéos chaque jour ;
- 500 heures de vidéos sont ajoutées à la plate-forme chaque minute dans le monde ;

- 87 % des utilisateurs disent venir faire des apprentissages sur la plateforme ;
- 46 % des utilisateurs sont à la recherche de tutoriels ou de conseils pour se sentir plus aptes à accomplir certaines tâches ;
- 41 % des utilisateurs disent se sentir plus avisés après avoir regardé des vidéos sur YouTube.

LinkedIn : la vitrine réputationnelle des professionnels

LinkedIn est le réseau social professionnel par excellence. La plupart des professionnels y sont inscrits pour développer leur réputation et soutenir leur carrière, travailler leur image de marque et gagner en visibilité en mettant en avant leurs compétences clés et leur actualité. LinkedIn n'est pas une simple plateforme de CV en ligne. C'est aussi un lieu pour renforcer sa valeur professionnelle. Le réseau a été lancé le 1er mai 2000 avec seulement 10 membres. À la fin de l'année 2000, il comptait 81 000 membres et 14 employés à temps plein. Aujourd'hui, c'est plus d'un demi-milliard d'inscrits issus de 170 secteurs d'activité dans plus de 200 pays différents. Le réseau social professionnel est incontournable avec 180 millions d'influenceurs.

Quelques anecdotes et chiffres sur LinkedIn :

- L'entreprise est valorisée à 20 milliards de dollars en 2015 ;

- Le 13 juin 2016, Microsoft annonce son rachat pour un montant de 26,2 milliards de dollars ;
- Le site compte 875 millions de membres dans le monde en novembre 2022, dont 405 millions sont actifs ;
- On y dénombre 26 millions de membres en France et 12 millions de membres actifs mensuels, ce qui en fait le sixième réseau social dans l'Hexagone ;
- 58 millions d'entreprises et 46 millions d'étudiants y sont inscrits ;
- 500 000 entreprises y ont une page ;
- Le site génère 71,33 % de trafic direct (les internautes ayant saisi directement l'adresse du site dans la barre de recherche de leur navigateur ou ayant cliqué sur le lien via leurs « favoris ») ;
- La plateforme génère 8,05 milliards de dollars par an de revenus ;
- 87 % des recruteurs utilisent LinkedIn ;
- La Chine y aurait mené une gigantesque opération d'espionnage ciblant plus de 4 000 Français cadres et employés de la fonction publique, collaborateurs d'entreprises stratégiques et acteurs de cercles d'influence, ce qui démontre la puissance du réseau social.

Instagram : le narcissisme absolu et la vie rêvée

Instagram est un réseau social de partage de photos et de vidéos fondé en octobre 2010 par l'Américain

Kevin Systrom et le Brésilien Mike Krieger, et qui est rapidement devenu un moyen de communication incontournable. Les utilisateurs peuvent y retoucher et publier des photos et de courtes vidéos. Ils peuvent également ajouter une légende à chacune de leurs publications et utiliser des *hashtags* et des balises de géolocalisation pour indexer leurs publications et les rendre accessibles. Chaque post d'un utilisateur apparaît sur les fils de ses abonnés publics ou privés. Les utilisateurs peuvent aimer et commenter des publications d'autres personnes, les enregistrer avec un système de signet et envoyer des messages privés à leurs amis. Un clic suffit pour y partager les photos d'autres réseaux sociaux. La fonctionnalité *story*, très populaire, permet aux utilisateurs de relayer leurs publications permanentes ou de poster des photos et vidéos visibles par leurs abonnés pendant 24 heures.

La société a toutefois fait l'objet de plusieurs controverses. En 2012, elle a modifié ses conditions générales d'utilisation pour demander l'autorisation de commercialiser les noms d'utilisateur, les centres d'intérêt, les photos, sans avoir à leur verser une quelconque compensation. Cette modification a entraîné une vive opposition des utilisateurs qui craignaient de voir Instagram vendre leurs photos et identifiants, et le paragraphe en question a vite été retiré. En 2013, Instagram s'est retrouvé au cœur d'une nouvelle polémique concernant la censure de photos qui n'enfreignaient pas ses conditions générales d'utilisation et qui visait injustement les corps féminins. Enfin, en 2016, en décidant de ne plus présenter les contenus de manière chronologique mais selon un algorithme, la plateforme s'est de nouveau attiré les foudres du public.

Ce réseau social est surtout l'un des plus emblématiques de la nouvelle relation des internautes au monde. Il est devenu le symbole des dérives de ce qu'on appelle l'extimité, c'est-à-dire le désir de rendre visibles certains aspects de soi jusque-là considérés comme relevant de l'intimité. Avec le vaste éventail de filtres numériques, les fonctions de retouche, les réglages permettant de jouer sur la luminosité, le contraste, la saturation, la netteté, etc., Instagram a fini par créer des nouveaux codes de l'extimité et est devenu une nouvelle norme sociale. L'intimité qui y est exposée doit être belle, valorisante et faire envie. « Instagram » est même devenu un verbe puisqu'on n'hésite plus désormais à « instagrammer » son plat ou sa nouvelle paire de chaussures ! Mais cette nouvelle norme crée un malaise grandissant, tout particulièrement chez les adolescents. La culture du narcissisme est en train de s'imposer, fondée sur l'image et sur l'imaginaire. Les utilisateurs sont pris dans une trame limitée aux apparences, et aux effets spectaculaires. Il en résulte souvent des relations superficielles avec les autres et la séduction devient le fondement de la réussite sociale. Finalement, Instagram a sans doute conforté une nouvelle tendance, celle de la « tyrannie de l'extimité ».

Quelques anecdotes et chiffres sur Instagram

- Le fondateur d'Instagram a été stagiaire dans l'entreprise qui a inventé Twitter ;
- C'est à Florence, en Italie, qu'est née l'idée de la photo carrée ;
- Le nom Instagram est la contraction d'« instant » et de « telegram » ;
- Deux ans seulement après son lancement, l'application comptait plus de 40 millions d'utilisateurs actifs ;
- En 2010, Twitter a failli racheter le réseau social pour 20 millions d'euros ;
- En 2012, Facebook a racheté Instagram pour 1 milliard de dollars ;
- 22 millions de Français utilisent chaque mois la plateforme (soit 39 % des internautes français) ;
- Instagram comptait 287 milliards d'utilisateurs actifs mensuels en 2022 dans le monde ;
- Le chiffre d'affaires publicitaire de la plateforme a été estimé à 47,6 milliards de dollars pour l'année 2021 ;
- Avec plus de 56 millions de *likes*, la publication d'un œuf, « Egg Gang », est la publication la plus populaire dans l'histoire du réseau, loin devant la deuxième, un post de Cristiano Ronaldo qui en a recueilli plus de 33 millions ;
- Avec 477 millions d'abonnés, c'est justement Cristiano Ronaldo qui possède le compte le plus suivi au monde ;

- Avec 9 millions d'abonnés, Nicocapone était le Français le plus suivi en 2022 ;
- Le nombre d'utilisateurs quotidiens des *stories* est passé de 150 millions en janvier 2017 à 500 millions en janvier 2022.

Snapchat : l'exquise sensation de la transgression sans risque

Snapchat est né d'une grande idée : partager des photos visibles seulement pendant un court laps de temps. Une fois de plus, son succès s'explique notamment par la notion d'extimité et la nouvelle relation à l'image sociale. Toutefois, avec ses fonctionnalités « amusantes », Snapchat peut facilement entraîner des dérives : envoi et diffusion publique de clichés intimes ou encore captures d'écran compromettantes qui peuvent engendrer du cyberharcèlement. Certains scandales ont aussi marqué l'histoire de l'application, comme celui provoqué par un homme qui s'est filmé en train de dépecer un chat mort. Une enquête a été ouverte mais la vidéo a largement circulé et a été vue plus de 20 000 fois avant d'être retirée.

Quelques anecdotes et chiffres sur Snapchat

- L'application recensait 18 millions d'utilisateurs actifs par jour en France en janvier 2022 ;
- 57,5 % des utilisateurs de Snapchat en France sont âgés de 18 à 34 ans ;

- Snapchat est le quatrième réseau social en France, devant Twitter ;
- Au premier trimestre de 2022, l'application a enregistré un chiffre d'affaires de 1,063 milliard de dollars ;
- 6 milliards de *snaps* sont envoyés chaque jour dans le monde ;
- 10 milliards de vidéos sont visionnées sur Snapchat chaque jour dans le monde ;
- Le temps moyen d'utilisation de l'application au niveau mondial est de 50 minutes par jour ;
- Tous pays confondus, plus de 4 166 000 heures ont été passées à jouer avec la réalité augmentée.

TikTok : on s'amuse et on danse

La société ByteDance a créé en 2016 la plateforme Douyin, réseau social compilant de courtes vidéos, destinée au marché chinois, et a lancé en 2017 TikTok, son équivalent pour le reste du monde. Douyin respecte ainsi les exigences de l'Internet chinois, tandis que TikTok rentre avec succès dans la course internationale. En seulement quatre ans, le réseau social a raflé la mise et dépassé Facebook (TikTok se place désormais au premier rang des applications les plus téléchargées au monde, détrônant celle de Mark Zuckerberg), WhatsApp, Instagram avec environ 1 milliard d'utilisateurs, dont 4 millions d'utilisateurs actifs quotidiennement en France, et s'impose progressivement face à l'un de ses principaux concurrents, YouTube. Les chiffres sont révélateurs de la démesure de ces nouveaux acteurs et de l'ampleur de l'emprise des réseaux sociaux sur les internautes du monde entier : en 2022, un usager passait en moyenne plus de 1 h 30 par jour sur la plateforme TikTok.

À quel usage se destine TikTok ? Est-ce la réponse à un besoin ou au contraire la création d'un nouveau besoin ? Difficile de trancher, comme souvent à l'arrivée d'un nouvel acteur. Force est de constater que la brièveté des vidéos plaît aux utilisateurs, qui deviennent accros à ce concept, comme Victoire, étudiante de 21 ans : « Je continue rarement à regarder une vidéo au-delà de dix secondes si aucun élément n'a attiré mon attention. Donc, je poursuis ma navigation, n'ayant pas l'impression de perdre autant de temps. Je me dis qu'il s'agit seulement de quelques secondes, encore une, alors qu'en réalité le temps défile encore plus vite que mes doigts sur l'écran[1]. » Sur TikTok, la durée maximale d'une vidéo atteint désormais dix minutes, contre douze heures sur YouTube ; cette spécificité semble répondre à une attente, à défaut d'être un besoin. Cette spécificité est d'ailleurs déjà concurrencée par une nouvelle plateforme nommée Likee[2], une application de vidéos de quinze secondes utilisée par de nombreuses

1. « Comment l'application TikTok a détrôné Facebook », Emma Confrère, *Le Figaro*, 10 août 2021.

2. Likee est une application qui permet de créer et d'éditer facilement de courtes vidéos en utilisant une variété d'effets en réalité

entreprises pour leur marketing, mais qui doit faire face à de nombreuses attaques, en raison de soupçons d'espionnage, et à des critiques récurrentes pointant la désinformation et l'abrutissement des enfants, ce qui tend à freiner sa croissance.

TikTok, nous l'avons vu, est une société chinoise, ce qui soulève la question des informations qu'elle pourrait transmettre à son gouvernement. C'est donc un sujet politique qui a déclenché de nombreuses polémiques et a conduit plusieurs pays occidentaux à interdire l'installation de l'application sur les téléphones portables de leurs fonctionnaires. Pourtant, la collecte de données n'est pas réellement différente de ce qui se passe sur d'autres plateformes, en particulier américaines, c'est donc son utilisation par le gouvernement chinois qui est en cause. L'enjeu est entièrement politique, et non technologique.

Quelques anecdotes et chiffres sur TikTok

- Son logo est une note de musique pour évoquer instantanément l'approche vidéo musicale ;
- L'application chinoise est disponible partout sauf... en Chine ! Là-bas, elle a gardé son nom d'origine, Douyin, qui signifie « courte vidéo » ;
- La valorisation de TikTok serait de plus de 150 milliards d'euros ;

augmentée. Elle appartient à une entreprise singapourienne dont la société mère est Jovy Inc., une firme chinoise.

- En France, en 2022, la plateforme comptait 14,9 millions d'utilisateurs actifs mensuels, et 4 millions de Français y sont actifs quotidiennement. Son audience est composée de 56 % de femmes, et 75 % des utilisateurs ont entre 13 et 17 ans ;
- 78,6 % des inscrits sont motivés par la recherche de contenus divertissants et amusants.

Ces réseaux qui peinent à décoller ou presque déjà disparus

Les précurseurs : ces premiers réseaux sociaux… tombés dans l'oubli

Bien avant Facebook, Twitter et Instagram, divers médias sociaux et plateformes de communication ont vu le jour et connu un relatif succès avant de décliner. Parmi ces précurseurs désormais oubliés, on peut citer, par ordre chronologique :

- 1973 : Talkomatic (un système de chat en ligne qui facilitait la communication textuelle en temps réel entre un petit groupe d'individus) ;
- 1979 : Usenet forums (un système de forums en réseau) ;
- 1988 : IRC (Internet Relay Chat, un système de communication fondé sur l'utilisation de canaux de discussions) ;

- 1995 : Classmates.com (trombi.com en France) ;
- 1997 : Sixdegrees.com, fermé en 2001.

Mastodon : l'anti-Twitter trop lourd pour décoller

Le logo de ce réseau est un mammouth… tout un symbole face au petit oiseau bleu de Twitter ! D'ailleurs, c'était bien l'idée d'Eugen Rochko, son fondateur, en 2016 : « Échapper au contrôle condescendant de Twitter. » Avec 2,7 millions d'inscrits, Mastodon a connu un rebond incroyable depuis le rachat de Twitter par Elon Musk et les envies des internautes de s'échapper. Malheureusement, la lourdeur annoncée dans le logo est réelle. Seuls les initiés parviennent à s'inscrire simplement et à utiliser ce réseau qui est à la peine par sa complexité. Cela tient en grande partie à sa structure et à son organisation fondée sur une logique de fédération de serveurs, chacun étant géré par ses administrateurs avec ses propres règles. Cette décentralisation, peu intuitive pour le grand public en quête de simplicité, explique probablement la fugacité du succès de cette plateforme alternative, qui a perdu plus d'un million de membres entre novembre 2022 et janvier 2023 et qui semble sur le déclin.

Quelques anecdotes et chiffres sur Mastodon

- Un message est un « pouet » et se compose de 500 signes maximum ;

- Le réseau étant gratuit et sans annonceurs, son financement passe uniquement par des dons et subventions ;
- Le réseau fonctionne sur la base d'une architecture décentralisée en *open source* sur plus de 25 000 serveurs indépendants ;
- Le code source de Mastodon a inspiré Donald Trump pour la création de son réseau Truth Social.

Twitch : le monde des *gamers* prend le pouvoir

Twitch a été racheté par Amazon en 2014 pour la coquette somme de 970 millions de dollars. La société continue d'être dirigée indépendamment depuis San Francisco, mais les synergies sont exploitées à fond, en particulier pour renforcer ses services de diffusion de vidéo et ses capacités de retransmission d'événements en direct. Twitch est une plateforme de *streaming* lancée en 2011. Elle réunit des *streamers*, des créateurs de contenu, et des *viewers* qui sont les utilisateurs, ceux qui regardent. Les *viewers* peuvent interagir à tout moment en temps réel entre eux grâce à un *chatlive*. Les jeux vidéo commentés en ligne restent le contenu de prédilection sur Twitch, même si de plus en plus de *streamers* se lancent dans les contenus politiques, économiques ou sociétaux. Les plus emblématiques en France sont Acropolis[1] et le journaliste Samuel Étienne[2].

Quelques anecdotes et chiffres sur Twitch

- En juin 2022, on comptait en moyenne 1,089 million de visiteurs uniques en France ;
- Twitch comptabilisait 6,1 milliards d'heures de visionnage au premier trimestre 2022, un chiffre deux fois supérieur à ceux de YouTube Gaming Live et Facebook Gaming réunis ;
- Z Event (événement caritatif organisé par le streamer Zerator sur un week-end) a permis de récolter plus de 10 millions d'euros au profit d'Action contre la faim.

1. Chaîne Twitch dont l'objectif annoncé est de « nous aider à mieux comprendre la politique ». Son fondateur se présente ainsi : « Jean Massiet, 34 ans, *stream* depuis 7 ans, pour t'expliquer autant que possible l'actu et t'aider à t'y retrouver dans ce beau bordel. Bref, si la politique t'emmerde, t'es au bon endroit. » Il commente et décrypte en direct les séances de questions au gouvernement à l'Assemblée nationale. Jean Massiet, ancien membre du cabinet de la ministre de la Santé Marisol Touraine, connaît bien la politique et souhaite donner des « clés de lecture » à un public de novice avec une belle ambition, celle de réconcilier les Français avec le monde politique en réinstaurant la confiance par la connaissance.

2. Samuel Étienne est journaliste radio et TV depuis 2008, passé par RFI, le groupe Canal +, France Télévisions, Europe 1 et France Info. Depuis 2020, il anime une chaîne de *streaming* sur Twitch avec deux temps forts, « La matinée est tienne » (une revue de presse) et « La rencontre est tienne » (une interview-débat). Sa chaîne rencontre un réel succès et se classe régulièrement en haut des résultats d'audience. Depuis 2022, il a ouvert sa chaîne à d'autres sujets comme la culture.

Reddit : le champion inconnu en France

Saviez-vous que Reddit est le quinzième site le plus consulté au monde ? Site communautaire lancé en 2005, de la Pixel War (une lutte virtuelle au sein d'un espace interactif dans lequel chaque utilisateur peut placer un pixel de couleur toutes les cinq minutes, afin d'obtenir une fresque collaborative) aux photos de pains accrochés dans des arbres, Reddit, c'est un peu n'importe quoi, et c'est ce qui fait son succès. Ce réseau a été estimé à 10 milliards de dollars en 2021 et revendique 430 millions d'utilisateurs mensuels dans le monde. Il se présente sous la forme de divers forums où les utilisateurs peuvent échanger librement. Les thématiques sont très variées, de la politique à la mode en passant par les « mèmes », des éléments (texte, image, vidéo) repris en masse sur Internet, déclinés et détournés de manière souvent parodique, qui se répandent très vite et font partie de la culture du web et des réseaux sociaux ; ils prennent souvent la forme d'une photo légendée ou d'un GIF (une image animée en boucle). Sur Reddit, chaque sujet a son propre sous-forum, appelé « subs », comme « r/ France », où un demi-million de personnes échangent sur l'actualité française. Mais le plus connu reste « r/ WallStreetBets ». Certaines pages sont connues pour être les lieux de diffusion d'idées racistes, misogynes, ou d'échange de pédopornographie. Reddit est l'un des pionniers des réseaux sociaux et s'est fait dépasser par ses utilisateurs, si bien qu'il fait depuis quelque temps de gros efforts pour nettoyer ses contenus. Mais finalement, ce que les utilisateurs de Reddit apprécient, c'est l'immense liberté qui y existe. La modération est assurée par des bénévoles qui peuvent supprimer des liens s'ils enfreignent les règles de la plateforme. Ce mode de modération est particulièrement efficace et est source de réflexion pour une approche collective et vertueuse.

Quelques anecdotes et chiffres sur Reddit

- Le nom du site est une contraction de « *Have you read it?* » (« Avez-vous lu ça ? ») ;
- Plébiscitées par les utilisateurs, les pages « Ask Reddit » ou encore « PasDeQuestionIdiote » permettent de demander tout ce qu'on veut à la communauté d'utilisateurs, pour obtenir une réponse, ouvrir une discussion ou se rassurer. Une sorte de Google en plus vivant !
- De 2009 à 2021, Reddit a organisé un Père Noël Secret géant. Il suffisait de s'inscrire sur le site pour participer à cet envoi collectif de cadeaux de Noël par tirage au sort ;
- Contrairement à ce qu'on pourrait croire, les « subrredits Porn » ne parlent absolument pas de sexe : r/EarthPorn, r/CityPorn ou r/SpacePorn sont des forums destinés respectivement aux amoureux de la nature, de la ville ou de l'espace.

BeReal : 2 minutes pour partager votre vraie vie

Ce réseau social a été créé en France fin 2019 par Alexis Barreyat et Kévin Perreau. Sacrée « application de l'année » par Apple en 2022 après une année de forte croissance, elle compte désormais plus de 20 millions d'utilisateurs chaque jour, contre 1 million en janvier 2021. Ce réseau social un peu particulier permet aux utilisateurs de publier une seule photo par jour afin de montrer à leurs abonnés ce qu'ils font en temps réel. De plus, il est impossible de préparer en amont le contenu : adieu filtres, musique, emojis, autocollants ou effets boomerang, car l'utilisateur dispose de 2 minutes seulement pour partager sa vie avec ceux qui le suivent. Il est donc impossible de passer des heures à choisir le bon cliché ou à le retoucher. Ce nouveau réseau social est vu comme un anti-Instagram, Snapchat, TikTok ou Facebook, qui présentent souvent une vie bien loin de la réalité. BeReal s'est en effet construit à contre-courant des mastodontes des réseaux sociaux. Son fondateur raconte que l'appli est née de son ras-le-bol du « supermarché d'Instagram et de ses excès ». L'idée était donc d'inciter les utilisateurs à partager des « moments sans jugement », et d'inventer un réseau social où l'on ne viendrait pas pour devenir influenceur ou observer des vies parfaites. Tout l'enjeu est de savoir si ce discours d'authenticité va tenir la longueur. BeReal met l'accent sur la spontanéité et l'authenticité pour refléter la vraie vie, à tel point qu'il masque le nombre d'abonnés, à l'inverse de la culture d'influence qu'on rencontre sur les autres plateformes. L'ambition de BeReal est de créer un petit rendez-vous avec ses amis et de limiter le temps passé sur le smartphone. Il souhaite également éviter les spectateurs inactifs, il faut donc poster soi-même des photos pour pouvoir consulter celles de ses amis. Le format est lui aussi très contraint, car l'usage des deux caméras du téléphone est requis : l'utilisateur doit non seulement poster une photo de ce qu'il voit, mais aussi de son visage. L'esthétique un peu « brouillon » est la force de BeReal, et elle est même devenue un moyen marketing de s'adresser à une cible plus jeune. Joe Biden l'a d'ailleurs utilisée avec succès pour encourager les jeunes Américains à aller se faire vacciner.

Quelques anecdotes et chiffres sur BeReal

- Il est impossible de contacter une personne en privé via un message ;
- Les photos sont visibles pendant seulement 24 heures et sont ensuite effacées ;
- On compte 21,6 millions d'utilisateurs actifs dans le monde ;
- Le réseau social a effectué une levée de fonds de 60 millions d'euros et est valorisé 600 millions ;

- En 2022, BeReal se plaçait au quatrième rang des téléchargements en France, derrière Instagram, Snapchat et Pinterest ;
- L'application a été téléchargée 5 millions de fois entre janvier et septembre 2022 ;
- 9 % sont des inscrits sont des utilisateurs actifs quotidiens ;
- Menacées par ce nouveau rival, d'autres plateformes ont lancé des fonctionnalités similaires comme « TikTok Now » ou Instagram et ses « Candid Challenges ».

Clubhouse : une conversation en déclin

Clubhouse est une application de réseautage social pour appareils mobiles lancée en 2020 par Paul Davison et Rohan Seth. Ce réseau permet, via des chambres privées et sur invitation, de converser à plusieurs. Chaque chambre est limitée à 5 000 personnes. Quand on rejoint une chambre, ou salon, on fait alors partie du public, de l'audience. Il n'est pas possible de parler directement, seuls les administrateurs ou modérateurs du salon peuvent accorder ce droit. Un bouton permet de « lever la main et demander la parole ». Une fois sa requête acceptée, l'internaute peut participer à l'échange. Dès son lancement, Clubhouse est devenu un phénomène, à tel point que Facebook, Reddit, Twitter, Stereo, Anchor, Capuccino et Telegram ont développé des fonctionnalités pour couper l'herbe sous le pied à l'application avant qu'elle ne devienne encore plus populaire. Clubhouse a connu un fort succès dès le début parce qu'elle attirait ceux qui voulaient discuter de sujets avec des personnes partageant les mêmes idées. Au fil du temps, cependant, les discussions sensées et matures ont été polluées par des commentaires qui étaient source de division, racistes, faux et infondés. Cette application a également fait l'objet de nombreuses critiques sur les données personnelles car elle enregistrait les conversations, sans prévenir explicitement les utilisateurs, conversations hébergées sur les serveurs de la société chinoise Agora. Clubhouse promet que les fichiers audios ne seront conservés que temporairement à des fins de modération, mais on sait que la législation chinoise permet au pouvoir de forcer les entreprises à leur fournir des données, ce qui suscite de fortes inquiétudes. Par ailleurs, un hacker a réussi à accéder à des enregistrements, ce qui a encore renforcé la méfiance du public. Enfin cette application était particulièrement adaptée aux usages liés au confinement et elle n'a pas su s'adapter au déconfinement.

Quelques anecdotes et chiffres sur Clubhouse

- En février 2021, Elon Musk a beaucoup fait parler de Clubhouse en invitant Vladimir Poutine à une discussion via l'application ;
- Bill Gates a « fait le buzz » en indiquant dans une conversation préférer les smartphones Android aux iPhone ;

- En Ukraine et en Russie, Clubhouse reste actif grâce à son manque de succès populaire, car il permet aux dissidents russes de communiquer entre eux ;
- La société a été évaluée jusqu'à 4 milliards de dollars.

Parler, Truth Social, Gab : des réseaux sociaux d'extrême droite en difficulté

Face à la « censure » des grandes plateformes, plusieurs réseaux prônant la « liberté d'expression », très marqués à droite, ont émergé ces dernières années. Aux États-Unis, pas moins de quatre réseaux sociaux se présentent comme des solutions alternatives « respectant la liberté d'expression » : Gab, la copie historique et très marquée à l'extrême droite de Twitter ; Truth Social, le réseau lancé par Donald Trump et réservés aux Américains ; Parler, financé par la famille de milliardaires ultraconservateurs Mercer, et Gettr, créé par un ancien conseiller de Donald Trump.

Tous rencontrent de vraies difficultés à recruter de nouveaux utilisateurs et être hébergés. Gab a ainsi développé son propre système d'hébergement de contenus complotistes et néonazis, après la coupure de son accès à Amazon Web Services à la suite d'une série de fusillades commises par des utilisateurs du site. L'application Parler a été retirée des magasins en ligne d'Apple et de Google, avant de perdre également son contrat avec Amazon. Truth Social a été inaccessible pendant plusieurs jours à cause d'un lancement mal préparé pour accueillir d'un coup un grand nombre d'utilisateurs. Seul Gettr, lancé plus progressivement, semble avoir pour l'instant échappé aux blocages et plantages, mais son développement reste limité car il s'agit d'un « entre soi » sans la moindre ouverture.

Quelques données complémentaires

Les chiffres des principaux réseaux sociaux en France en 2022

- Sur les 65,51 millions de Français, on recense 60,92 millions d'internautes, soit 93 % de la population (+ 2,4 % par rapport à janvier 2021) ;
- On dénombre 52,60 millions d'utilisateurs de réseaux sociaux, soit 80,3 % de la population ;
- 86,5 % des utilisateurs accèdent à Internet via leur mobile ;
- 87 % des enfants de 11-12 ans ont un compte sur les différentes plateformes et y publient régulièrement des contenus, bien que les réseaux sociaux soient en théorie interdits aux mineurs de moins de 13 ans.

Les principaux réseaux sociaux dans le monde en 2022

Facebook : 2,91 milliards d'utilisateurs, soit 47,1 % de la population mondiale de plus de 13 ans ;

YouTube : 2,56 milliards d'utilisateurs, soit 37,7 % de la population mondiale de plus de 18 ans ;

WhatsApp : 2 milliards d'utilisateurs, soit 32,4 % de la population mondiale de plus de 13 ans ;

Instagram : 1,48 milliard d'utilisateurs, soit 23,9 % de la population mondiale de plus de 13 ans ;

WeChat/Weixin (site chinois) : 1,26 milliard d'utilisateurs, soit 20,4 % de la population mondiale de plus de 13 ans ;

Messenger : 987,7 millions d'utilisateurs, soit 16 % de la population mondiale de plus de 13 ans ;

TikTok : 884,9 millions d'utilisateurs, soit 15,9 % de la population mondiale de plus de 18 ans ;

QQ (service de messagerie chinois) : 877 millions d'utilisateurs, soit 9,4 % de la population mondiale de plus de 13 ans ;

LinkedIn : 875 millions d'utilisateurs dans le monde, soit 15 % de la population mondiale de plus de 18 ans ;

Kuaishou (concurrent chinois de TikTok) : 800 millions d'utilisateurs, soit 7,2 % de la population mondiale de plus de 13 ans ;

Sina Weibo (équivalent chinois de Twitter) : 573 millions d'utilisateurs, soit 9,5 % de la population mondiale de plus de 13 ans ;

Snapchat : 557,1 millions d'utilisateurs, soit 9 % de la population mondiale de plus de 13 ans ;

Telegram : 550 millions d'utilisateurs, soit 9,5 % de la population mondiale de plus de 16 ans ;

Twitter : 436,5 millions d'utilisateurs, soit 7,1 % de la population mondiale de plus de 13 ans ;

Quora : 300 millions d'utilisateurs, soit 4,9 % de la population mondiale de plus de 13 ans ;

Pinterest : 225,7 millions d'utilisateurs, soit 3,7 % de la population mondiale de plus de 13 ans ;

Reddit : 50 millions d'utilisateurs, soit 0,8 % de la population mondiale de plus de 13 ans ;

Twitch : 31 millions de visiteurs en ligne chaque jour, et 2,5 millions connectés à chaque instant.

V

Les règles de la vitalité et leur force

La viralité sur les réseaux sociaux numériques est l'équivalent du « bouche-à-oreille » version 2.0. C'est ce qui fait l'une de leurs forces : la potentielle viralité qu'ils promettent aux usagers est une promesse de visibilité recherchée par tous les internautes, sans qu'ils ne se l'avouent toujours.

Pour comprendre les leviers de la viralité, il faut avoir la capacité de mesurer celle-ci afin de l'analyser. Il existe pour cela de nombreux outils, comme la technologie appelée Pound (*Process for Optimizing and Understanding Network Diffusion*), développée par Buzzfeed, qui analyse la façon dont les contenus sont partagés sur les différents réseaux. Cette technique permet de suivre comment un message se propage par le biais de millions de partages sur les médias sociaux, les systèmes de messagerie, les sites d'information et les blogs. C'est un enjeu essentiel, car les médias doivent aujourd'hui aller au-devant de leur audience. Grâce à ces différents outils, il est possible d'établir une sorte de psychologie de la viralité sur les réseaux sociaux, avec cinq motivations affichées (apporter un contenu précieux et divertissant à d'autres ; se définir aux yeux des autres ; développer et nourrir ses relations avec les autres ; s'épanouir personnellement ; faire connaître les causes et les marques qui nous tiennent à cœur) et sept non affichées, qui se rapprochent des sept péchés capitaux et sont moins avouables : la facilité de partage (la paresse et l'avarice) ; le côté exclusif de l'information transmise (l'orgueil) ; le goût pour le type d'information partagée (la gourmandise) ; l'attrait pour le côté pimenté des informations relayées (la luxure) ; l'appui de relais d'influence (la colère) ; la créativité (l'envie).

Globalement, ce sont dans ces motivations que les complots puisent leur viralité, tout autant que les forces positives de mouvements comme #MeToo ou #BlackLivesMatter.

Enfin, pour bien comprendre le fonctionnement de la viralité sur les réseaux sociaux il faut aussi avoir à l'esprit qu'il existe trois types de contenus à partager : ceux dont la valeur est forte (information importante, bon plan...), ceux qui sont divertissants, et ceux dont la valeur croît avec le nombre d'utilisateurs (achats groupés, jeux-concours dont la probabilité augmente avec le nombre de partages...).

Finalement, le plus simple est de retenir l'acronyme STEPPS, du professeur Jonah Berger[1], pour résumer les règles de la viralité :

– S pour *Social Currency* (« capital social »)
Le fait de relayer une information exclusive permet d'apparaître particulièrement intéressant. En d'autres termes, la personne qui la partage acquiert un certain « capital social ». Dans un monde où la valeur sociale passe par une demande de reconnaissance croissante, ce levier est l'un des plus forts, et constitue même le fondement de la viralité sur des plateformes comme Instagram. L'internaute se donne une certaine valeur par le partage, mais aussi par la mise en scène d'une vie idéale et rêvée. C'est le marketing de l'ego dans toute sa splendeur.

– T pour *Triggers* (« déclencheurs »)
Nous avons tous un *trigger*, un déclencheur, un point faible qui ne demande qu'à être titillé pour être activé. L'utilisation de ces *triggers*, comme celui de participer à une « blague collective » et d'être intégré virtuellement à un groupe qui connaît des codes spécifiques, est une garantie de viralité. Un bon exemple est celui de la célèbre publicité de Budweiser mettant en scène deux hommes qui se téléphonent tout en buvant de la bière et en regardant un match à la télévision. Un troisième jeune homme arrive et lance un « *wassup ?* » (« quoi

1. Auteur de *Contagious: why things catch on* (2013), un ouvrage qui explique les leviers qui rendent viral un produit, une idée ou un comportement, Jonah Berger est docteur en marketing, professeur à l'Université de Pennsylvanie et spécialiste en influence sociale.

de neuf ? ») auquel un des deux premiers répond par « *wassup ?* » et cela lance une série de « *wassup ?* » de plus en plus importants. Le cri de ralliement « *wassup ?* » a été repris partout sur Internet à la sortie de la publicité en 2000 et est rapidement devenu viral. Les *triggers* sont certes personnels mais reposent aussi sur la valorisation du rôle de l'internaute. Ils peuvent cependant déclencher une viralité non souhaitée et pas toujours aussi sympathique, qui peut même se transformer en effet de meute dangereux en tournant à la moquerie collective, voire au harcèlement.

– E pour Émotions

Les émotions sont de véritables leviers de viralité, car elles permettent aux individus de se réunir, de se retrouver et de partager. On peut en distinguer deux types : les « activatrices » et les « paralysantes ». Bien évidemment, ce sont les premières qui sont les plus efficaces en termes de viralité. Ainsi, l'ennui est une émotion négative paralysante, donc un mauvais levier. En revanche, la colère, la tristesse ou l'effroi peuvent être de très bons leviers, car elles déclenchent en nous un fort désir d'action.

– P pour Public (présence et visibilité)

Plus un élément est visible et observable, plus il est susceptible d'être partagé. Il s'agit donc de rendre les barrières d'accès et de visibilité aussi basses (ou inexistantes) que possible. Par exemple, le service de messagerie électronique Hotmail s'est répandu comme une traînée de poudre, à la fin des années 1990, grâce à une astuce citée par de nombreux *Growth Hackers* aujourd'hui. Il s'agissait d'une petite note en dessous de chaque e-mail envoyé via ce service, où le destinataire pouvait lire « *Get Your Private, Free E-mail from Hotmail at www.hotmail.com.* » En 1996, la majorité des internautes utilisaient encore l'adresse e-mail de leur fournisseur d'accès. Grâce à cette petite astuce qui a fait connaître Hotmail et a rendu son utilisation courante et donc contagieuse, le service a recruté 8,5 millions d'utilisateurs et a été racheté par Microsoft. La visibilité est une clé évidente à comprendre mais complexe à atteindre.

– P pour *Practical Value* (« valeur pratique »)

Un autre facteur de viralité est l'aspect de valeur pratique. Les contenus qui résolvent un problème concret, ont bien sûr davantage de chances de se répandre. Ainsi, un producteur de vin rosé a réussi à s'attirer un beau capital sympathie et à générer de l'attention grâce à une vidéo simple mais efficace démontrant que, pour ouvrir une bouteille de vin sans tire-bouchon, il suffit de frapper le fond de celle-ci en la plaçant dans une chaussure. Ce principe de viralité par le partage d'informations pratiques explique le succès des « tutoriels » repris en masse sur Instagram ou YouTube. Certaines de ces vidéos sont relayées dans le monde entier et visionnées plusieurs millions de fois, la barrière de la langue pouvant être contournée par une traduction automatique ou par l'emploi d'images explicites ou d'emojis.

– S pour *Stories* (« Récits »)

Le sixième facteur de viralité identifié par J. Berger est le *storytelling* (« mise en récit »). La forme narrative nous permet en effet d'assimiler un message plus facilement et de façon plus profonde. De plus, les gens ne partagent pas de l'information, ils partagent des histoires. C'est bien évidemment l'une des clés du succès d'Instagram, que Facebook et Twitter appliquent également désormais. Plus qu'une image, c'est une histoire que chacun partage, car l'opinion se positionne ainsi plus facilement.

Mis à part ces six facteurs de viralité, on peut évoquer le relais par des influenceurs. Certes, ils constituent un levier pour susciter de l'intérêt et de la visibilité, mais ils ne sont pas forcément garants de viralité. En effet, les anciens présidents de Buzzfeed, Jon Steinberg et Jack Krawczyk, déclarent, dans *Advertising Age* : « Nos données montrent que le partage en ligne, même à une échelle virale, naît d'une multitude de très petits groupes, et non du post ou d'un tweet isolé de quelques influenceurs. Les gens qui ont de l'influence ont peut-être accès à un large public, mais leur impact est éphémère. Les contenus deviennent viraux quand ils sortent d'une sphère d'influence particulière et sont diffusés sur les réseaux sociaux via les gens qui les partagent avec leurs amis. » Cela voudrait donc dire que vous avez sans doute plus d'influence que Kim Kardashian auprès de vos amis, ce qui est une bonne nouvelle !

Une autre aide à la viralité est le partage d'une expression qui dépasse les mots et donc la barrière de la langue. Les réseaux sociaux n'ont pas de frontières et utilisent fréquemment une forme de langue commune via les images et les fameux emojis. Ces outils de communication fonctionnent comme des codes universels, et leur clarté, leur simplicité, est un véritable facilitateur de viralité.

Un des exemples les plus frappants de partage universel d'une image est celle du petit Aylan, une photo choc qui a fait le tour du monde en septembre 2015 et suscité une vague d'émotion d'une rare puissance. Des millions d'internautes ont partagé l'image du corps sans vie d'un petit Syrien âgé de 3 ans étendu sur une plage, mort noyé dans le naufrage en Turquie d'une embarcation de migrants. Cette image glaçante est devenue le symbole de la crise migratoire. L'émotion suscitée dans l'opinion a poussé les pays de l'Union européenne à prendre un certain nombre de mesures sur l'accueil des réfugiés. Berlin a décidé, la semaine suivant la mort d'Aylan, d'assouplir ses règles d'accueil pour les ressortissants syriens, renonçant à les renvoyer vers leur point d'entrée en Europe. Les leviers qui ont créé les conditions de l'incroyable viralité de la photo du petit Aylan sont doubles. Tout d'abord, il s'agit d'une image reprenant des codes universels (un enfant qui semble dormir, symbole de l'innocence qui doit être protégée, qui plus est dans un cadre décalé, puisque cet enfant se trouve sur une plage, lieu de vacances et certainement pas de l'horreur). Le deuxième levier est celui de l'ego et de la participation : en relayant cette image, les internautes transmettaient une information importante et participaient à une dénonciation mondiale.

La viralité fonctionne donc sur des mécaniques connues, mais le résultat reste aléatoire. Les ONG et mouvements d'activistes savent parfaitement employer ces leviers pour sensibiliser l'opinion à leur cause. L'association L214, qui lutte contre la maltraitance animale, s'est fait connaître en appliquant ces règles. Sa principale technique de mobilisation de l'opinion passe par la diffusion de vidéos tournées en cachette dans des abattoirs et des lieux de souffrance animale, montrant ainsi des images difficiles afin de créer un effet de sidération qui mobilise et appelle à l'action. Bien que controversée, cette technique fonctionne particulièrement bien car elle combine plusieurs leviers, comme celui des émotions (colère et dégoût) et celui des *triggers* (envie d'agir face une situation d'injustice). Les mouvements populistes, qui n'hésitent pas à s'appuyer de surcroît sur les fausses informations, obtiennent eux aussi des résultats probants en jouant sur ces mêmes mécaniques.

Venons-en justement à la dernière clé de la viralité : la vitesse, qui est souvent l'apanage des fausses informations. En effet, la propagation de ces dernières s'est incroyablement accrue, car on est passé de presque quatre ans pour que le KGB arrive à diffuser la rumeur selon laquelle le virus du sida était une création du Pentagone, à quelques jours pour dénoncer les intérêts des laboratoires durant la pandémie de Covid-19. Aujourd'hui, les réseaux sociaux réduisent le temps de propagation à quelques minutes ou quelques heures, comme le montre aussi l'exemple des *Macron Leaks*, une affaire politique française constituée par le piratage, en 2017, de l'équipe de campagne du candidat à l'élection présidentielle. Ce piratage avait rendu publics, deux jours avant le scrutin du second tour, plus de 20 000 courriers électroniques liés à la campagne. La notion de vitesse est cependant une clé très volatile. Elle permet de mobiliser rapidement, mais sa contrepartie est une démobilisation tout aussi soudaine. Pour que la mobilisation se propage le plus vite possible, les leviers de la viralité doivent être activés en jouant sur la notion d'urgence et, pour qu'elle perdure, il faut rapidement montrer ses effets, que ce soit dans les actes ou dans les volumes de partage, car ces derniers constituent un moyen pour créer un effet de halo puissant (« je dois moi aussi me positionner et partager »).

La viralité est donc l'une des clés du succès de l'expression sur les réseaux sociaux. Et bien que des « recettes » existent, la seule règle constante et indispensable est celle de la sincérité ou de l'authenticité. Cela est vrai aussi, paradoxalement, dans la viralité des fausses informations. En effet, les individus qui partagent des *fake news* sont généralement sincèrement persuadés de l'authenticité des informations qu'ils relaient. Ainsi, dans un sondage réalisé par l'institut Odoxa en 2019, 30 % des Français reconnaissent avoir déjà diffusé des fausses informations par erreur.

VI

La fabrique de l'information et la manipulation de l'opinion

Certes, l'expression de l'opinion en ligne n'est pas représentative, mais elle est significative et influente. Elle l'est à double titre, par son volume et par la présence massive des *lurkers*, ces consommateurs passifs de contenu évoqués précédemment. Pour ce qui est du volume, nul besoin de rappeler l'influence et le poids des millions de messages exprimés en quelques jours dans le monde entier sur Twitter, Facebook ou Instagram (voir chapitre IV). Les nombreux témoignages de soutien aux Ouïgours ou le mouvement #BlackLivesMatter sont des exemples qui démontrent la puissance de la masse. En revanche, la force de la figure du *lurker* est plus méconnue, alors qu'elle est réelle : elle réside dans leur nombre, et leur poids repose essentiellement sur le relais qu'ils ont des informations en dehors des plateformes numériques, dans leurs réseaux et dans la vie réelle.

Quand on dit que les réseaux sociaux conduisent à une forme de populisme, le fait est surtout qu'ils font émerger des courants ou des personnalités que les intermédiaires avaient souvent décidé de filtrer. Ces derniers sont des leaders d'opinion, qui ont bien souvent été les alliés des gouvernements d'experts, aujourd'hui remis en question dans leur capacité à diriger le pays. L'opinion a ressenti le besoin de les critiquer, voire de les attaquer, ce que les réseaux lui ont permis de faire. Désormais, chacun peut exprimer son avis, avec plus ou moins de délicatesse et de compétences sur le sujet. Les internautes ne tolèrent plus de se sentir ignorés ou manipulés, et ils le font savoir, plus ou moins judicieusement, sur les diverses plateformes numériques.

Twitter a bien compris l'importance d'attirer et d'influencer les *lurkers*. Ils ne « partagent » quasiment jamais, « likent » très peu, en un mot, ils sont passifs mais ils suivent, lisent et se forgent leur opinion à travers les réseaux sociaux et Internet. Par essence, ils sont invisibles puisqu'ils n'agissent pas, et qu'aucun outil de massification ou d'écoute ne peut les prendre en compte, ce qui est regrettable quand on connaît leur rôle dans la construction de l'opinion en dehors du web. Or, Twitter indique désormais l'audience d'une publication avec le nombre de « vues » recueilli, ce qui permet de connaître la résonance d'un message, mais pas encore son impact dans l'opinion, même si on imagine bien que, plus l'audience est large, plus elle garantit un fort impact. Cette nouvelle fonctionnalité devrait faire des émules et les plateformes vont sans doute multiplier à l'avenir les outils pour mieux mesurer et comprendre le phénomène des *lurkers*.

Lexique de la désinformation

Avant d'aller plus loin, il convient de définir brièvement les différents concepts qui relèvent de la désinformation, devenue aujourd'hui l'un des enjeux de notre société. Ce terme recouvre la création intentionnelle et le partage délibéré d'informations fausses afin de tromper une ou plusieurs personnes, souvent dans le but d'influencer et de manipuler l'opinion. Par exemple, en 2016, lors de la campagne pour l'élection présidentielle américaine, de nombreux sites ainsi que des messages postés sur Facebook et Twitter ont diffusé la nouvelle selon laquelle Hillary Clinton était gravement malade.

La mésinformation

Le terme regroupe les informations fausses, erronées ou périmées diffusées involontairement par manque de vigilance, de rigueur et de connaissance du sujet. Ainsi, de nombreux internautes ont partagé en toute bonne foi l'information selon laquelle l'application StopCovid (version précédente de TousAntiCovid) avait pour seul but de géolocaliser les citoyens et était installée d'office sur leur smartphone.

La manipulation par décontextualisation

Il s'agit d'informations largement déformées, construites à partir de segments de nouvelles réelles mais diffusées dans un autre contexte. Il peut s'agir de nouvelles réécrites, d'images tronquées, de vieilles vidéos remastérisées avec de mauvais sous-titres. Si le créateur initial a parfaitement conscience de sa manipulation, les internautes peuvent relayer ensuite la nouvelle en toute bonne foi en la croyant authentique. Citons comme exemple la diffusion d'une photo de la foule prise lors de l'investiture de Barack Obama en 2009, en prétendant qu'il s'agit de celle de Donald Trump en 2017.

Les fausses informations ou infox

C'est ce que l'on désigne souvent par le terme anglais *fake news*. C'est une information volontairement trompeuse fabriquée par une personne, ou un groupe, sur des faits imaginaires. Elle est inventée de toutes pièces, souvent inspirée par des situations possibles, parfois élaborée à partir de l'agrégation de faits et données qui n'ont pas de rapport entre eux. L'objectif est d'induire le public en erreur, de diffuser une idée, ou encore de nuire à une personne ou à une organisation. Ainsi, Donald Trump a affirmé en novembre 2020 que les élections présidentielles américaines avaient été truquées grâce à de faux votes par correspondance. Les électeurs de Trump sont particulièrement réceptifs aux théories du complot, à 65 % selon l'étude Ifop et le site AMB-USA publiée en avril 2023. Cette théorie a fonctionné puisque 40 % des Américains et 26 % des Français la croient véridique, selon cette même étude. De même, certains ont prétendu que les ondes 5G étaient responsables de la pandémie de Covid-19.

Les théories du complot

On désigne ainsi les thèses, propagées par les courants conspirationnistes, qui affirment qu'un groupe de personnes puissantes et mystérieuses manipulent le monde entier, un pays ou un événement. Les théories du complot, dans leurs documents et vidéos, utilisent souvent une mise en scène et une musique dramatiques, l'accumulation d'arguments souvent invérifiables (ce qu'on nomme un « millefeuille argumentatif »), des coupables désignés de manière explicite ou non, des questionnements récurrents adressés au spectateur pour instiller le doute. En voici deux exemples : l'épidémie de Covid-19 aurait été créée intentionnellement par les gouvernements pour décimer les citoyens les plus pauvres ; le président des États-Unis aurait lui-même organisé les attentats du 11 septembre 2001 afin d'envahir l'Irak et de s'approprier les ressources pétrolières du pays (théorie à laquelle croient 33 % des Français et 42 % des Américains, selon l'étude Ifop 2023).

Les pseudosciences

Il s'agit d'arguments présentés sous des apparences scientifiques ou faussement attribués à la science, mais qui n'en ont pas la démarche, ni la reconnaissance, ou du moins de manière incomplète. L'objectif est de s'attribuer le crédit et la légitimité dont jouissent la science et les scientifiques. Ces pseudosciences s'appuient généralement sur des conclusions hâtives, une confusion entre corrélation et causalité ou encore des manipulations statistiques qui permettent par exemple à un laboratoire pharmaceutique d'annoncer que son nouveau produit est efficace dans 25 % des cas, en omettant de signaler que les placebos obtiennent le même résultat.

Le *clickbait* (« piège à clics »)

Le terme anglais *clickbait* (littéralement « appât à clics »), également appelé « putaclic » désigne des titres délibérément trompeurs et accrocheurs concernant des faits inventés ou grossièrement déformés afin d'attirer le lecteur vers des articles dont le contenu ne tient pas la promesse du titre et qui se révèlent par conséquent souvent décevants. L'objectif est d'attirer les internautes et de les amener à cliquer sur un article ou publicité, générant par conséquent des revenus pour les webmasters. On trouve ainsi souvent des titres à la fois sensationnels et amusants, du type « Vous ne croirez jamais ce qui est arrivé à cet homme quand... », « Le Top 10 des plus... le 3e est incroyable ! », généralement accompagnés de visuels accrocheurs.

La post-vérité

Selon l'Oxford Dictionary, la post-vérité (*post-truth*) désigne « une situation dans laquelle les faits objectifs ont moins d'influence sur l'opinion publique que les appels à l'émotion ou à la croyance personnelle ». L'expression qualifie notamment, depuis le milieu des années 2000, une culture politique dans laquelle les dirigeants, à des fins électorales, orientent volontairement le débat vers l'émotion par l'usage intensif d'éléments de langage et en ignorant consciemment des faits. Les politiciens tentent ainsi de justifier un discours ou des actions politiques en ralliant le public à leur cause. La déclaration de Colin Powell (général et secrétaire d'État américain) aux Nations unies en février 2003 en est une parfaite démonstration. Au cours de cette intervention, il a présenté des preuves de la prétendue production d'armes de destruction massive par l'Irak (notamment un flacon rempli de poudre censé démontrer concrètement le danger) afin de justifier des sanctions internationales et une intervention militaire collective aux côtés des États-Unis.

Les faits alternatifs

En janvier 2017, un nouveau type de glissement de l'information a émergé dans l'entourage de Donald Trump : les « faits alternatifs » (*alternative facts* en anglais). L'expression a été utilisée pour justifier les mensonges du porte-parole de la Maison-Blanche, Sean Spicer. Alors que les médias étaient inondés par un déluge d'images montrant une cérémonie d'investiture largement clairsemée, Spicer a cherché à prouver qu'il s'agissait d'une illusion d'optique, affirmant le lendemain que l'événement avait attiré « la plus grande audience à avoir assisté à une investiture », que pour la première fois, des revêtements de sol blancs avaient été utilisés, donnant l'impression d'une foule moins dense (alors que ces mêmes revêtements avaient déjà servi en 2013), ou que « 420 000 personnes [avaient] emprunté le métro le jour de l'investiture de Trump, contre 317 000 pour la seconde cérémonie d'Obama » (selon le *Washington Post*, 783 000 voyages ont été recensés à Washington le jour de l'investiture d'Obama, contre 571 000 pour celle de Trump, alors même que la moyenne des déplacements la veille d'un week-end s'élève à 639 000). Interviewée en conférence de presse le lendemain de ces déclarations mensongères, et vivement critiquées comme telles par les médias, la conseillère à la Maison-Blanche Kellyane Conway a assuré qu'il s'agissait simplement de « faits alternatifs », dans une nouvelle façon de communiquer particulièrement adaptée à la logique de complot médiatique chère à Donald Trump. La technique était grossière et a fait l'objet, à l'époque, de très nombreuses réactions virales sur les médias sociaux dénonçant cette supercherie de façon évidente et amusante.

Les parodies et informations satiriques

Les nouvelles satiriques et parodiques sont créées à des fins purement humoristiques, par la diffusion d'un contenu volontairement décalé voire malicieux. Là encore, les informations peuvent être inventées de toutes pièces ou fortement inspirée de la réalité, par exemple à partir de débats et controverses actuels. Même si ces nouvelles sont a priori inoffensives, on ne compte plus les internautes, qu'ils soient anonymes ou célèbres, qui se sont fait piéger par ce type d'informations particulièrement virales sur les réseaux sociaux. Le but de cette manipulation de l'information est avant tout de faire sourire. Les exemples ne manquent pas, et certains sites se sont spécialisés dans la parodie, tels Le Gorafi ou Nordpresse, avec des titres comme : « Donald Trump va demander l'asile politique à l'Iran » ou « L'OTAN propose à Poutine de poursuivre la guerre autour d'une grande partie de Risk ».

Les bulles cognitives

On l'a vu, les termes relevant de la désinformation sont nombreux et variés, mais tous ont trait à une déformation, volontaire ou non, de l'information afin d'en altérer la perception par le public, généralement à des fins de manipulation de l'opinion. Mais cette perception peut aussi être altérée par d'autres éléments.

Ainsi, la première déformation qui l'affecte vient de la manipulation par les bulles cognitives. L'utilisation désormais massive des algorithmes entraîne une fracturation de la société par l'affrontement des bulles et le manque de vie collective, comme on a pu le voir avec la crise des Gilets jaunes, dans laquelle les algorithmes et les bulles cognitives qu'ils créent ont joué un rôle essentiel. Mais cet exemple souligne aussi les faiblesses d'un groupe dépourvu de vision commune : partager son désarroi, son mal-être et sa colère ne suffit pas à créer un lien pérenne entre individus, le déclin progressif du mouvement l'a bien montré.

De fait, les bulles cognitives construites par les algorithmes de rapprochement, que l'on nomme aussi « bulles de filtres », ont profondément modifié la logique de construction de l'opinion. Les algorithmes ont envahi nos vies. Ces programmes informatiques ont une utilité première : traiter, analyser et classer un volume important de données dans un temps court, dans le but de nous simplifier la vie, par exemple en nous aidant à trouver au plus vite une information qui nous intéresse ou à élaborer notre programmation idéale sur Spotify, en nous recommandant les livres que nous apprécierons sur Amazon ou les séries qui nous plairont sur Netflix. Malheureusement, comme souvent, ces programmes ont été détournés de leur utilité première, et ils régentent désormais notre quotidien, sans que l'on ne s'en rende compte. À présent, ils décident des contenus que nous verrons sur notre fil d'actualité Facebook, en identifiant les amis avec lesquels on interagit le plus, le type de contenu que l'on aime regarder et en déduisant de cette analyse ce qui sera le plus susceptible de nous intéresser. Ils déterminent à notre place ce qu'il y a de meilleur pour nous. Pour justifier leur usage, les acteurs du web en général et les réseaux sociaux en particulier déclarent qu'ils permettent de nous épargner des publicités intrusives ou des publications d'amis et de contacts dont le quotidien ne nous intéresse qu'à moitié. Depuis 2020, dans sa communication et ses publicités, Facebook met même en avant le bénéfice ultime des algorithmes : la segmentation et le ciblage pour être efficace et se développer.

La vraie conséquence des algorithmes est toutefois la création de cette fameuse « bulle cognitive » qui enferme les internautes dans une sorte d'isolement intellectuel et informationnel. Ils finissent par perdre toute stimulation extérieure, ce qui fait le terreau du complotisme, puisque les individus voient désormais leurs opinions confortées par l'absence de confrontation avec des idées et informations contradictoires.

Bruno Patino, dans son ouvrage déjà mentionné, *La civilisation du poisson rouge : petit traité sur le marché de l'attention*[1], liste les biais cognitifs qui faussent notre jugement. Parmi eux, les deux les plus courants qui expliquent la viralité de certaines thèses sans réel fondement sont ceux dits de « confirmation » et de « simple exposition ». Le premier, le plus courant, nous pousse à ignorer des informations contredisant nos croyances. Le second est celui de la répétition, qui entretient l'individu dans une crédibilité subjective dangereuse : plus nous voyons une information, plus nous tendons à penser que cette dernière est vraie. Ces biais foisonnent sur les réseaux sociaux, où les internautes tendent à se regrouper en communautés relayant la même information (qu'elle soit vraie ou fausse).

Le fait que les connexions sociales d'une personne soient limitées par sa culture et son milieu n'est pas une nouveauté ; ce qui est nouveau, c'est que cela se fait désormais à son insu et sans la moindre maîtrise de sa part. Les algorithmes mis en place par les plateformes limitent l'accès à certaines informations et finissent par perturber la vérité en la déformant. Le processus de fabrique de l'opinion est donc largement dévoyé. L'exemple du Brexit illustre particulièrement la notion de bulle cognitive créée par Google et les réseaux sociaux à l'aide d'algorithmes. Ces derniers

1. Paris, Grasset, 2019.

ont en effet sélectionné pour les Anglais des informations partisanes qui les enfermaient dans leurs croyances en faisant passer celles-ci pour des faits établis. En s'informant en ligne, les Anglais avaient moins de chances d'être exposés à des articles qui auraient élargi leur vision de la situation, et donc de tomber sur des faits qui réfuteraient les fausses informations partagées par d'autres.

Cette nouvelle donne est bien sûr également active en France. Elle concerne même étonnamment une partie des journalistes : leur fil d'actualités induit insidieusement un biais dans leur vision des informations et en particulier de leur réelle incidence sur l'opinion. Il n'est pas si simple de sortir de ce système, alors qu'il est pour eux essentiel de bien comprendre les mouvements de l'opinion et ses fractures. En effet, le principal effet pervers de la croissance des bulles cognitives est la création des silos d'opinions qui se côtoient mais se confrontent rarement. La première conséquence est que l'harmonie sociale devient presque impossible, concrétisation de l'archipélisation de la société évoquée dans l'ouvrage de Jérôme Fourquet[1], directeur du département « opinion » de l'Ifop.

La manipulation n'est pas une fatalité, mais la percer à jour et la combattre demande du temps et du savoir. Nous avons à notre disposition les outils nécessaires

1. J. Fourquet, *L'archipel français, naissance d'une nation multiple et divisée*, Paris, Éd. du Seuil, 2019.

(certains logiciels de *social listening*, par exemple) mais nous manquons de temps pour le faire ; il est donc courant d'avoir une interprétation erronée de la réalité, car les informations sont piégeuses quand on les prend trop rapidement et sans recul.

À travers les réseaux sociaux, des groupes se forment autour d'une opinion commune, forgeant ainsi nos identités virtuelles. Mais ces groupes qui partagent un même point de vue peuvent nous enfermer dans ce dernier. Or l'effet de bulle, les biais de confirmation et les biais cognitifs sont les principaux facteurs de ce phénomène. Mais que sont précisément ces biais ? Et pourquoi avons-nous tant de mal à accepter des idées qui contredisent les nôtres ?

Tout d'abord, il faut savoir que, lorsque nous surfons sur Internet, nous sommes suivis par les sites que nous utilisons. Ceux-ci, et en particulier Google, collectent en effet nos informations à l'aide d'algorithmes inclus dans nos appareils (les fameux « cookies »). Grâce à cela, nous recevons des publicités ciblées ainsi que des informations adaptées à nos habitudes de navigation.

C'est à partir de là que la désinformation et l'effet de bulle interviennent. À l'aide de nos informations, des moyens de traçage des sites Internet et de la haute surveillance de Google sur le monde, il devient facile de nous diriger plus facilement vers des personnes ayant les mêmes centres d'intérêt que nous. Si nous parvenons facilement à trouver sur

Internet les sujets qui nous intéressent, c'est parce que toutes nos actions sont épiées et redirigées par les GAFAM (Google, Apple, Facebook, Amazon, Microsoft), qui s'appuient sur une tendance naturelle des êtres humains mise en lumière par plusieurs études : l'homophilie, c'est-à-dire le fait d'être attirés par nos semblables, en termes de religion, de couleur de peau, de sexe, de milieu social, etc. Ce phénomène est l'un des facteurs de l'effet de bulle. Ainsi, nous sommes bloqués dans notre propre perspective et notre envie de prouver que notre point de vue est juste. Nous partageons celui-ci sur les divers réseaux sociaux, ou bien nous recherchons sur Internet des opinions similaires aux nôtres afin de prouver leur véracité. C'est le biais de confirmation évoqué précédemment, c'est-à-dire le fait de sélectionner seulement les informations qui confirment nos croyances. D'un point de vue psychologique, ce biais renforce notre opinion en la confortant par des points de vue similaires aux nôtres : notre cerveau produit alors de la dopamine, cette « hormone du bonheur », ce qui génère un sentiment de satisfaction, et donc un cercle vicieux dont il nous est encore plus difficile de sortir. Certains chercheurs, comme Rob Brotherton, psychologue et journaliste américain spécialiste des théories du complot affirment que, sans cet effet de bulle, nous serions paralysés par l'indécision provoquée par un excès d'informations contradictoires, indécision qui nous plongerait dans une profonde angoisse.

Sur les réseaux sociaux, des groupes où chaque membre partage le même point de vue se forment, ce qui contribue à renforcer chacun dans sa propre opinion. C'est le phénomène de la polarisation (ou de « chambre d'échos ») : la tendance pour un groupe à prendre des décisions radicales qu'un individu seul n'adopterait pas. Par exemple, le groupe de manifestants Bas les masques, apparu durant la crise du Covid-19, est formé d'individus se rassemblant afin de dénoncer les « atteintes à leurs libertés privées par l'obligation du port du masque ». Individuellement, ses membres n'auraient sans doute jamais osé organiser des manifestations contre le gouvernement.

Enfin, le biais cognitif joue lui aussi un rôle important dans le renforcement de la bulle. En effet, lorsque nous ne comprenons pas une partie de l'information donnée, nous avons inconsciemment tendance à passer par des raccourcis mentaux et donc à ne conserver que les parties de l'information qui nous arrangent. Il devient alors difficile de nous confronter à un point de vue différent sur le sujet et à accepter l'idée que le nôtre puisse être faux.

FAKE NEWS ET *DEEP FAKE*

La deuxième déformation qui affecte notre perception de l'information vient de la manipulation volontaire, qui permet de fabriquer de l'opinion à l'aide de différentes techniques. Comme le résume Ben Nimmo, directeur de recherche chez Graphika, une société d'analyse des médias sociaux implantée à New York, « la diffusion des technologies de publication numérique a facilité la *création* de fausses histoires ; Internet a facilité leur *publication* ; et les réseaux sociaux ont facilité leur diffusion[1] ».

Les *fake news* : un nouveau monde d'information

Les fausses informations circulant dans la société ont toujours existé, mais elles peinaient à prendre leur envol. À l'ère d'Internet et de la communication instantanée, les *fake news*, ou infox, se propagent bien plus rapidement et facilement. Les jeunes générations s'informant principalement sur les réseaux sociaux, l'impact de ces fausses informations est encore plus visible et dangereux. On estime par exemple que, dans le cadre d'un article de presse relayé sur Twitter, seul 1 retweet sur 10 l'est après lecture de l'article lui-même ! En effet, c'est généralement uniquement le titre de l'article qui déclenche le retweet et non son contenu. Comme on peut l'imaginer, cette pratique facilite nettement la propagation des fausses informations.

1. Select Committee on Deliberate Online Falsehoods – Causes, Consequences and Countermeasures, written representation 36, 22 février 2018.

Il convient cependant de distinguer trois catégories parmi les infox : d'abord les informations diffamantes, ensuite les fausses nouvelles facilement vérifiables, enfin les infox retransmises dans un objectif de désinformation et les rumeurs.

La première est donc celle des nouvelles diffamantes. Ce type d'information est facile à identifier et à faire retirer du web ou des réseaux sociaux à partir du moment où elle est reconnue juridiquement comme telle. L'action contre ce type d'information nécessite une enquête judiciaire et des preuves, mais le cadre juridique a le mérite d'être clair et de déjà exister.

La deuxième catégorie des *fake news*, la plus simple à endiguer, est celle des fausses informations immédiatement vérifiables, comme la mauvaise interprétation d'un texte ou une image modifiée, détournée, sortie de son contexte, ou encore utilisée à mauvais escient. Les sanctions doivent être fortes et il est même question de les renforcer encore en les appliquant également aux utilisateurs qui se sont fait piéger, l'objectif étant de les contraindre à plus de vigilance et de rigueur dans la vérification des sources et des informations qu'ils relaient. Les internautes repèrent souvent rapidement ce type de manipulation de l'information et le dénoncent publiquement tout en mettant en cause la crédibilité de l'émetteur. C'est bien la preuve que l'autorégulation par les internautes eux-mêmes peut fonctionner. Il est facile d'identifier les manipulations effectuées sur les images, car il existe de nombreux outils, comme la recherche d'image inversée proposée par TinEye ou Google, pour vérifier instantanément l'information relayée. C'est le cas par exemple de certaines photos et vidéos postées au moment de l'incendie de l'usine Lubrizol près de Rouen, qui avaient en réalité été prises aux États-Unis ou en Chine : les internautes ont très rapidement identifié la source réelle de ces images et ont rectifié les informations données. Si l'autorégulation est efficace avec les photos, elle fonctionne aussi très bien avec les fausses informations sous forme de textes et de chiffres, comme le montre l'exemple du traité sur la coopération et l'intégration franco-allemandes ratifié en 2019. À l'origine, en janvier 2019, Bernard Monot, ancien député FN rallié au parti Debout la France, publie sur YouTube un témoignage contenant des affirmations alarmistes : « Macron prépare en secret un nouveau putsch pour la France. En quelque sorte, l'Alsace passera sous gestion allemande et la langue administrative sera l'allemand. » Les arguments du député européen résonnent auprès du site d'extrême droite Riposte Laïque qui titre à son tour : « Macron veut livrer l'Alsace-Lorraine à Merkel ! » La « fachosphère » s'empare alors de l'infox et la relaie largement, conduisant même des responsables politiques dit « institutionnalisés » comme Marine Le Pen et Nicolas Dupont-Aignan à retransmettre à leur tour l'information. Autant de faux propos qui ont commencé à fleurir et à « buzzer » sur les réseaux sociaux, mais qui ont été rapidement endigués par les internautes, car il était facile de vérifier que, dans les dix pages du traité en question, rien ne prévoyait l'annexion de certaines régions françaises à l'Allemagne, ni un quelconque transfert de souveraineté ou un changement de langue administrative. Résultat : l'information n'a circulé que sur les sites d'extrême droite et de façon relativement faible, grâce à la démonstration imparable de la réalité. Finalement, cette infox a été plus évoquée et analysée en tant que telle par les médias qu'elle n'a réellement pris sur les réseaux sociaux. Pour autant, avec l'arrivée des intelligences artificielles génératives, comme ChatGPT, la simple vérification devient plus complexe. Tout va vite, très vite, et les progrès sont impressionnants dans la qualité des résultats obtenus. La création d'un logiciel entraîne instantanément un contre-logiciel. On peut donc gager que les outils pour identifier simplement les détournements ou fausses informations vont progresser et suivre la courbe des innovations dans le domaine. Mais la vraie modération, le véritable travail d'identification des *fake news* facilement vérifiables se fera grâce à la solidarité et l'engagement du collectif des internautes. Ils sont les meilleurs garants face aux débordements. L'intelligence collective seule permettra de garder le meilleur de l'intelligence artificielle et de nous protéger du pire.

Enfin, la troisième catégorie est celle des infox retransmises dans un objectif de désinformation.

Elles sont plus subtiles et complexes à démonter car elles visent clairement à déstabiliser une personne, une société ou une institution par le doute. Elles ne sont pas forcément diffamatoires, mais elles sont fausses avec l'apparence d'une réalité incontestable puisque souvent étayée par des chiffres, des exemples, des publications scientifiques et des témoignages. Pour les contrer, il faut du temps, ce qui est parfois inconciliable avec la temporalité des réseaux sociaux et leur viralité. Mais cela nécessite aussi de « mener une enquête » en vérifiant la source et la crédibilité de l'information. Il faut également effectuer un travail d'éducation et de coopération des internautes complété par des recherches parfois laborieuses. Cette catégorie regroupe l'ensemble des rumeurs et complots que nous évoquerons plus loin.

Le levier de viralité utilisé pour ces fausses informations est la bienveillance, bien qu'il puisse sembler étrange d'associer cette dernière à la désinformation. Le principe qui conduit les individus à relayer ces informations est en effet celui du sauveur : « je vous sauve d'un mensonge » (bien souvent celui des élites), « on ne nous dit pas la vérité, on nous manipule, nous sommes donc en danger ». C'est par conséquent dans une logique de bienveillance et d'altruisme que ces fausses informations sont le plus souvent relayées. C'est bien ce qui les rend si difficiles à contrer : il faut pour cela des arguments solides et absolument imparables, sinon celui qui a relayé l'information se replacera dans cette logique de mensonge et de manipulation dont il cherche à nous sauver. Cela risque même de le rendre agressif et de l'encourager à transmettre l'infox, car c'est de son point de vue la démonstration que le danger contre lequel il lutte menace grandement l'ensemble de la société.

On le voit, pour lutter contre ce type de fausse information, il s'agit surtout de vérification des sources, d'éducation et de formation. L'une des solutions envisagées par les pouvoirs publics est la surveillance des contenus émis à l'aide d'accords passés avec les plateformes numériques, et la mise en place d'une certaine transparence sur l'identité des émetteurs. Bien évidemment, cette proposition a entraîné une levée de boucliers des internautes, car ils redoutent la censure. Cette catégorie est en effet la plus directement concernée par la nouvelle loi proposée par le gouvernement : les nouvelles dispositions permettraient à un candidat ou à un parti politique de saisir le juge des référés pour faire cesser la diffusion de fausses informations durant les trois mois précédant un scrutin national.

La nouvelle loi doit permettre « d'agir face à ce qui, loin d'être un épiphénomène, constitue un défi majeur pour nos démocraties : le dévoiement du débat public et *in fine* des scrutins par des entreprises malveillantes de désinformation », a affirmé la rapporteur parlementaire Naïma Moutchou (Horizons).

Il faut toutefois noter que cette catégorie regroupe l'ensemble des rumeurs, que la loi ne peut malheureusement contrecarrer efficacement.

Quelle que soit la catégorie dans laquelle se trouve la fausse information, elle présente un potentiel de viralité particulièrement élevé. Selon une étude réalisée par trois chercheurs du MIT, qui s'est appuyé sur un corpus de 126 000 informations, vraies ou fausses, partagées plus de 4,5 millions de fois par trois millions de personnes entre 2004 et 2017, une infox circulerait en effet six fois plus vite qu'une information réelle ! L'explication ne réside pas tant dans le contenu de l'information que dans son format : les infox sont plus attrayantes, mieux présentées, souvent plus détaillées et présentées de façon simple et ludique afin de convaincre plus efficacement. Les vraies informations, elles, sont souvent brutes et non étayées, car considérées comme se suffisant à elle-même puisque véridiques. On lit souvent que Google manipule les internautes en poussant davantage les infox, mais c'est oublier que le moteur de recherche fonctionne avec un algorithme fondé sur la popularité d'une information. Ce n'est donc pas le contenu, mais la fréquence de reprise qui explique souvent la mise en avant de ces fausses informations. Même si les travers et manipulations de Google sont une réalité, en particulier avec le *brandjacking* (une activité par laquelle une personne ou entreprise achète l'identité en ligne d'une autre afin de se procurer le capital de marque de cette personne ou de cette entreprise), mais on ne peut affirmer que l'entreprise est à l'origine des *fake news*. Google n'a pas d'ailleurs la possibilité de les identifier autrement que par l'intelligence artificielle, ce qui les condamne quasiment à l'impuissance. En effet, il est difficile de vérifier une fausse information : sur quel critère le logiciel d'intelligence artificielle va-t-il s'appuyer pour retirer un contenu ? Qui détient la vérité ? Qui est en mesure de valider des affirmations sur un sujet lorsqu'il prend l'apparence d'une réalité étayée (par les sciences, par exemple) ? On voit bien la limite de la modération par les plateformes et l'intérêt de s'appuyer sur des usagers bénévoles et experts, qui souhaitent s'engager dans la solidarité (comme sur le modèle de Wikipédia).

Les émotions jouent également un rôle important dans la viralité des infox. De même que le MIT a montré que la diffusion nettement supérieure des fausses informations par rapport aux vraies est liée à leur forme, le chercheur Soroush Vosoughi, dans une étude publiée en 2008 dans une revue scientifique américaine, impute cette différence de viralité aux émotions suscitée par les infox. Celles-ci provoquent notamment surprise et dégoût, là où les véritables informations tendent à provoquer tristesse et joie. Cela expliquerait que les informations fiables touchent rarement plus de 1 000 personnes, tandis que les 1 % des *fake news* les plus virales atteignent entre 1 000 et 100 000 individus.

Cette force de diffusion a donc été abondamment constatée, et a même été quantifiée dans une étude Odoxa pour France Info et *Le Figaro* en 2019, dans laquelle 30 % des sondés déclaraient avoir déjà relayé des infox, et 50 % affirmaient s'informer principalement via les réseaux sociaux. Mais les Français étant toujours ambivalents, ils déclarent aussi à 90 % que les *fake news* constituent un problème important, et qui s'accentue de façon exponentielle (+ 17 points en un an).

De fait, ce sont les nouvelles diffusées dans un objectif de désinformation, celles qui font le lit des rumeurs et des complots, qui progressent le plus, les fausses informations vérifiables perdant en viralité. En effet, les internautes semblent être devenus un peu plus méfiants quant aux informations diffusées sur le web : ils s'interrogent davantage sur leur source et prennent de plus en plus souvent la peine de vérifier une nouvelle avant de la relayer. Les sites souvent spécialisés dans les informations non vérifiées ou subversives voient leur audience baisser. De même, on constate que les *fake news* qui nourrissent rumeurs et théories du complot tournent essentiellement dans des cercles fermés déjà influencés par ce mode de réflexion, et peinent à conquérir de nouveaux publics. Malheureusement, ce n'est pas toujours le cas, et plus la censure s'opère par les élites (plateforme, politique, leader d'opinion institutionnel...), plus la viralité est relancée et le cadre de partage élargi. La censure conforte la logique de manipulation et de mensonge que la fausse information vient dénoncer ou combattre pour éveiller les consciences.

Les infox, quelle que soit leur catégorie, touchent également le monde l'entreprise : elles ne sont pas exclusives à la sphère sociétale et politique. En effet, 89 % des Français pensent que les fausses informations peuvent aussi avoir un impact sur la réputation d'une marque, et 26 % d'entre eux déclarent avoir relayé une information qui s'est ensuite révélée fausse. 20 % des sondés déclarent avoir déjà été piégés par une fausse information concernant une entreprise, et 14 % estiment que les entreprises et leurs dirigeants sont parmi les acteurs les plus exposés à des contenus mensongers[1]. Ces chiffres parlent d'eux-mêmes : la vigilance est de mise pour tous, y compris pour les entreprises. Surveiller, contrer et dialoguer en s'appuyant sur les internautes est la seule solution efficace, mais complexe, quand on sait que, selon plusieurs études, les humains relaient plus de *fake news* que les robots !

C'est un fait, les tempêtes réputationnelles liées aux infox rythment désormais la communication des entreprises, des institutions et des politiciens. L'exemple de l'école maternelle d'Angers, en avril 2018, est instructif. À l'époque, deux sites web liés à l'extrême droite (Riposte laïque et Le Salon beige) mettent en

1. Étude ViaVoice pour Syntec Conseil en Relations Publics, février 2018.

cause l'établissement pour « propagande islamiste » sur la foi du témoignage d'un couple de parents : leur enfant de 5 ans aurait dû apprendre une comptine faisant ouvertement l'apologie de l'islam. En 24 heures, le web s'enflamme. La directrice de l'école s'indigne, soutenue par l'adjointe au maire d'Angers, chargée de la petite enfance : « C'est une énorme calomnie, sans aucun fondement. Tout est archifaux[1]. » Effectivement, tout était faux, car c'est un blogueur local qui avait monté le canular pour dénoncer le manque de sérieux des deux sites et prouver ainsi qu'on peut « répandre assez facilement une rumeur parmi des sites d'extrême droite ». La fausse nouvelle a rapidement été démontée mais a laissé des traces dans la communauté durant plusieurs mois, démontrant la facilité avec laquelle une réputation peut voler en éclats et la violence potentielle des attaques fondées sur une fausse information.

Le monde de l'entreprise, nous l'avons dit, n'est pas non plus épargné par les infox. Les crises les plus connues sont liées à la dernière catégorie de fausses nouvelles, et ces dernières sont parfois récurrentes, comme celle affectant la Xbox, produit phare de Microsoft, depuis 2015, selon laquelle un jeune joueur de 17 ans aurait eu la gorge tranchée à cause d'un DVD violemment éjecté par la console ! L'anecdote a abondamment circulé, notamment sur Twitter, tandis que Microsoft parvenait péniblement à juguler l'intox

1. « Un blogueur piège des sites d'extrême droite avec une fake news », *Ouest France*, 2 mai 2018.

en niant. Postée par un utilisateur anonyme sur le forum 4Chan en 2017, une autre rumeur a prétendu que Starbucks offrait des boissons gratuites à tous les habitants des États-Unis issus de l'immigration. À travers les *hashtags* #DreamerDay et #Borderfreecoffee et des images truquées, des milliers de tweets indignés ont diffusé la nouvelle avant que Starbucks n'intervienne pour la démentir. Netflix est aussi la cible d'une infox récurrente. La plateforme aurait contacté un de ses abonnés au motif qu'il aurait regardé 188 épisodes de sa série télévisée préférée pendant une semaine, soit 10 heures de visionnage par jour ! L'entreprise a immédiatement publié un démenti, mais le mal était fait : la plateforme est désormais régulièrement suspectée d'avoir des pratiques intrusives sur les données personnelles de ses clients. On le voit, tous les acteurs de la société sont susceptibles d'être victime de fausses informations, et seule la transparence, la réactivité et le travail collaboratif peuvent en venir à bout.

C'est aussi en démontrant clairement la réalité que les relais des infox sont décrédibilisés voire ridiculisés. Désormais, colporter trop rapidement une fausse information, même en toute bonne foi, peut se révéler dangereux pour ceux qui s'y risquent.

L'*astroturfing*

Autre technique de manipulation, l'*astroturfing* (dont le nom fait référence à la pelouse artificielle de la marque AstroTurf utilisée dans les stades) désigne le fait de donner l'impression d'un phénomène de masse qui émerge spontanément sur Internet, mais qui est en réalité créé pour influencer l'opinion publique. Cette technique permet de simuler l'activité d'une foule sur un réseau social. Son nom peut sembler plutôt amusant et sympathique, puisqu'on l'associe intuitivement à une nouvelle forme d'astrologie. Mais la réalité est tout autre : l'*astroturfing* est une pratique à la fois efficace et dangereuse, dans la mesure où il s'agit de simuler une activité ou une initiative qui serait issue du peuple alors qu'elle est en réalité montée de toutes pièces par un acteur souhaitant influer sur l'opinion. Elle est destinée à mettre en scène des phénomènes de foule dans un environnement tel que Facebook ou Instagram, de façon à influencer la perception des utilisateurs et à donner plus de visibilité à un sujet en fabriquant de façon artificielle sa popularité. L'*astroturfing*, technique analysée par Fabrice Epelboin, enseignant à Sciences Po Paris, depuis plusieurs années, a d'abord été utilisé à des fins publicitaires, avant d'être employé en politique. Les réseaux sociaux constituant un terrain de jeu privilégié pour tenter de manipuler l'opinion, cette pratique s'y développe particulièrement bien.

Elle n'est d'ailleurs pas née avec les réseaux numériques, puisque le président Nixon, à son époque, s'appuyait déjà sur une équipe à la Maison-Blanche dont les membres se faisaient passer pour des citoyens ordinaires en écrivant aux courriers des lecteurs des médias américains afin de chanter les louanges de sa politique. Mais il est certain que l'arrivée des réseaux sociaux a ouvert un nouveau champ d'application aux potentialités quasi infinies.

Il ne faut toutefois pas confondre l'*astroturfing* et le *trolling*. Ce dernier n'est qu'un mode opératoire, pas nécessairement une finalité en soi, alors que l'*astroturfing* vise clairement un objectif de manipulation. Les cas les plus intéressants sont ceux utilisés par des groupes politiques informels, souvent constitués pour une occasion précise et aussitôt dissous, comme on a pu le constater en France lors du mouvement des Gilets jaunes en 2020. Ces groupes informels sont capables de faire monter un sujet dans l'actualité avec de fausses informations, et arrivent facilement à tromper les lecteurs. Ils peuvent aussi vouloir faire émerger de vraies informations pour donner l'impression que le sujet est devenu spontanément prégnant dans l'opinion et mérite l'attention des médias. Les exemples ainsi apparus dans l'actualité grâce au seul savoir-faire d'un petit groupe composé de quelques centaines de personnes, qui parvient à se faire passer pour un véritable mouvement d'opinion et à imposer un sujet dans l'actualité, sont nombreux. Certaines marques recourent aussi à cette pratique. Le cas le plus célèbre est celui de Samsung qui, lors de l'arrivée de son concurrent HTC sur le marché du smartphone, a mis en place une vaste campagne visant à faire croire aux consommateurs que le HTC One présentait de nombreux défauts techniques, en se payant les services d'étudiants taïwanais chargés de poster leurs déboires imaginaires face au smartphone sur de nombreux forums de discussion.

Le *deep fake*

Imaginez ne pas pouvoir vous fier à ce que vous voyez ou entendez lorsque vous regardez une vidéo en ligne ou écoutez un podcast. Les *deep fakes* (combinaison de « *deep learning* » et « *fake* ») sont des médias vidéo ou audio habilement truqués pour faire croire qu'une personne a dit ou fait quelque chose qui n'a jamais eu lieu. Ces médias utilisent l'intelligence artificielle et peuvent être très convaincants, même pour un œil exercé. Utilisés pour tromper le public, ils peuvent avoir des conséquences désastreuses. Cependant, ils présentent aussi des avantages, comme celui d'offrir des reprises de tournage assistées par l'intelligence artificielle, comme l'a fait Thierry Ardisson dans son émission « Hôtel du temps », qui fait « revivre » les légendes de la culture et du spectacle. Cette utilisation, plus positive, a vulgarisé cette nouvelle pratique et y a donc sensibilisé le grand public, ce qui créera peut-être de nouveaux réflexes bénéfiques quant à la perception des informations, mais on peut aussi s'inquiéter du danger que risque d'entraîner à long terme cette habitude progressive au faux.

Désormais, les possibilités techniques de traitement des images peuvent tromper n'importe qui en donnant l'illusion du vrai. Certes, la manipulation vidéo est techniquement possible depuis de nombreuses années, mais jusqu'à présent elle était réservée à des professionnels hautement qualifiés utilisant des équipements très coûteux. Aujourd'hui, elle est à la portée de tous et, avec quelques recherches, les bonnes ressources et beaucoup de pratique, toute personne motivée peut obtenir des résultats très réalistes, comme on a pu le voir avec la vidéo de l'ancien président américain Barack Obama réalisée en y superposant la voix du comédien et imitateur Jordan Peele, qui visait à expliquer le fonctionnement du *deep fake* pour rendre les internautes plus vigilants face aux images qu'ils rencontrent sur les réseaux sociaux.

Il convient de distinguer les vidéos *shallow fakes* et les *deep fakes*. Les premières utilisent des outils de montage vidéo beaucoup plus simples, qui permettent toutefois d'obtenir également des résultats réalistes. L'une des techniques les plus courantes du *shallow fake* consiste ainsi à manipuler la vitesse de la vidéo, notamment en la ralentissant pour donner l'impression que la personne qui s'exprime est malade ou sous l'emprise de produits stupéfiants. C'est ce qui a été utilisé dans une vidéo de la présidente de la Chambre des représentants, Nancy Pelosi, grossièrement ralentie pour la faire paraître ivre et ainsi la décrédibiliser. Cette vidéo a été largement diffusée sur les réseaux sociaux et beaucoup de gens l'ont crue véridique. Bien entendu, l'interview originale a fini par être retrouvée et la tromperie a été révélée. Mais le mal était déjà largement fait et, encore aujourd'hui, la réputation de Nancy Pelosi en pâtit, car la version manipulée a été beaucoup plus largement diffusée que celle d'origine.

Pour bien appréhender le phénomène, il faut aussi comprendre le fonctionnement d'un *deep fake* audio. Il s'agit d'un son synthétique destiné à imiter la voix d'une personne réelle. Il existe plusieurs façons de créer ces faux médias. La plus courante consiste à convertir un texte écrit en voix grâce à une intelligence artificielle, à réorganiser ou encore à modifier le texte d'un enregistrement existant. L'autre méthode de manipulation audio est la modulation, qui modifie la qualité d'une voix pour la faire ressembler à une autre. Cela permet de convertir la voix d'une personne en celle d'une autre, comme une célébrité ou un politicien.

La technologie des *deep fakes* est donc la combinaison de la manipulation audio et vidéo. Cette technique peut légitimement susciter l'inquiétude, car on peut d'ores et déjà en redouter des utilisations glaçantes : faux aveux de crimes, discours truqués de personnalités publiques, chefs d'État annonçant des événements catastrophiques ou des mesures imaginaires... Les possibilités sont infinies, et certaines sont réellement terrifiantes.

Heureusement, pour l'instant les *deep fakes* sont souvent démystifiés avant d'entraîner des conséquences trop graves, mais le manque de temps, d'analyse et de recul caractéristique de l'ère des réseaux sociaux est dangereux, d'autant qu'à petite échelle, les *deep fakes* vidéo comme audio sont déjà utilisés par les cybercriminels pour piéger des entreprises, par exemple grâce à la conversion vocale qui permet de se faire passer pour quelqu'un d'autre par téléphone et de demander un transfert d'argent.

Le complot et sa délicieuse musique

La circulation de rumeurs dans l'opinion publique ne date pas d'aujourd'hui. Nul besoin de rappeler ces histoires de « jeunes femmes enlevées dans des cabines d'essayages à Rouen » ou de « gitans voleurs d'enfants », qui sont des légendes urbaines colportées bien avant l'arrivée des réseaux sociaux numériques. Il est néanmoins certain que ces plateformes ont nettement accru la visibilité et la viralité de ces histoires mensongères, accroissant du même coup leur nocivité pour la société. Il est incontestable que leur propagation en est démultipliée, tant dans le temps qu'en volume, d'autant qu'on peut y ajouter l'accroissement de l'effet « c'est un ami qui me l'a dit », qui ne fait que renforcer la diffusion des rumeurs. Mais on oublie systématiquement l'autre apport des réseaux sociaux dans le système de fonctionnement de ces dernières, celui de la vérification des informations.

C'est tellement délicieux de partager une rumeur. Il s'agit en effet d'une information secrète et celui qui la répand se sent valorisé, puisque, nous l'avons vu, il pense agir dans l'intérêt commun en mettant la société en garde contre un danger qui la menace (un réseau de traite des blanches ou de kidnapping d'enfants, une effrayante manipulation génétique orchestrée par les élites...). Cette dimension qui se veut altruiste constitue le principal levier de viralité d'une rumeur et explique à la fois sa récurrence et sa pérennité. Par ailleurs, la mécanique de diffusion d'une rumeur est toujours la même et se fonde sur le partage d'une information étonnante concernant un fait dangereux tenu de source sûre. Or, c'est exactement la même mécanique qu'il faut activer pour les déconstruire, ou du moins endiguer leur développement et réduire leur impact.

Sur la manipulation par la désinformation, le champion est sans conteste Edward Louis Bernays[1], un publicitaire austro-américain considéré comme le père de la propagande politique et d'entreprise, qui a exercé bien avant les réseaux sociaux et a notamment mis au point des méthodes d'incitation à la consommation au service de l'industrie du tabac. On peut d'ailleurs se demander comment il aurait utilisé

1. Edward Louis Bernays (1891-1995), neveu de S. Freud et auteur du livre *Propaganda*.

ces réseaux dans ses stratégies de propagande et quels dégâts il aurait pu faire au-delà de la démocratisation de la cigarette ! Évidemment, il aurait joué sur les *fake news*, mais quelle mécanique de protection sur le *fact checking* et la contre-proposition de valeur aurait-il inventée ?

La viralité des fausses informations est plus forte que celle des vraies, pour toutes les raisons que nous avons évoquées. Mais le partage massif de faits avérés et la créativité pédagogique des internautes détruisent la bienveillance à l'origine de la diffusion de la rumeur pour la tourner en ridicule voire en souligner le danger, ce qui rejaillit sur l'émetteur en écorchant au passage sa réputation. Le fait de diffuser une information secrète et précieuse afin d'alerter la société d'un danger qui la menace, à l'origine valorisant, devient la manifestation évidente d'un manque de discernement. En effet, l'information une fois démystifiée ne contient plus rien des attributs de la rumeur : la nouvelle n'est plus ni secrète, ni étonnante, et la source n'est plus si certaine. Même si la notion de danger peut encore demeurer, elle suscite non pas une adhésion immédiate mais un doute et des questionnements, auxquels il convient de répondre habilement et sans dogmatisme pour éviter de faire rebasculer le public vers la théorie du complot.

L'un des moyens pour lutter le plus efficacement contre les complots et rumeurs peut se résumer dans la maxime de la communication moderne : « Préférer les actions qui font du bien aux paroles qui font du bruit. » Cette réalité est bien souvent appliquée par les internautes, et explique la confiance qui existe plus facilement entre pairs qu'envers le gouvernement et les institutions.

Les réseaux sociaux servent en même temps de caution et d'outil de diffusion aux médias. Le cas de *The Epoch Time*s en est un bon exemple. Ce journal conservateur émanant du mouvement spirituel chinois Falun Gong a conquis une partie de la population américaine en soutenant Donald Trump dès 2016, et s'est épanoui en France, notamment avec des contenus pour les « covidosceptiques ». Le fort engagement de ses lecteurs sur Facebook (c'est-à-dire l'ensemble des partages, *likes* et commentaires sur ses différentes publications) lui confère une crédibilité par la viralité. *The Epoch Times* a pour origine la lutte contre la censure du Parti communisme chinois, aujourd'hui il héberge des sites dans une trentaine de pays. « Ils seront le meilleur site d'information conservateur d'ici à deux ans », prédisait en 2019 Steve Bannon, l'ancien conseiller du président américain. Après la dénonciation du régime chinois et de ses dérives, le média est devenu le vecteur de récits complotistes, dont certains liés au mouvement QAnon, une mouvance conspirationniste d'extrême droite venue des États-Unis. Le journal pousse très fortement, quitte à investir massivement, la visibilité de ces récits sur les réseaux sociaux. Il a désormais réussi à trouver son public en France, comme le souligne sa directrice Isabelle Meyer. Mais sa crédibilité est réellement mise à mal et son développement a connu un coup d'arrêt.

Ainsi, la désinformation, portée par les théories du complot et les manipulations, volontaires ou non, de l'information, ont encore de beaux jours devant elles. Pour Nietzsche, les vérités sont des fictions dont on a oublié qu'elles le sont. Est-ce cela, finalement, le fondement du complotisme ? Les *fake news* et autres faits alternatifs seraient donc des vérités car on aurait oublié qu'elles sont des fictions ?

VII

Les politiciens et les réseaux sociaux

Les idées reçues concernant l'expression de l'opinion sur les réseaux sont pléthoriques et tenaces, en particulier chez les hommes et femmes politiques. Non, tout ce qui se dit sur les réseaux sociaux n'est pas affligeant. À l'inverse, bien entendu, tout n'est pas non plus intéressant. Non, la parole de tous n'a pas la même portée. Non, le nombre d'abonnés n'est pas le seul critère de valeur. Non, les réseaux sociaux ne se résument pas à Twitter… On le voit, la liste des clichés est longue !

Pour beaucoup de journalistes, éditorialistes et surtout de politiciens, comprendre l'expression de l'opinion sur les réseaux sociaux se résume bien souvent à la vision très partielle que leur donne la lecture de leur propre fil d'actualités. « J'ai lu tous les messages sur les réseaux », entend-on encore souvent dans la bouche de certains. Magnifique exploit, quand le sujet en question a généré plus de 300 000 messages dans la journée… La clé de compréhension de l'opinion en ligne est la massification de l'expression. Or, celle-ci ne peut être appréhendée objectivement et dans sa globalité qu'avec l'aide d'outils professionnels comme ceux de *social listening*, tels que Talkwaker, Visibrain, Digimind ou encore Radarly, qui permettent d'identifier et d'écouter ce qui se dit sur une entreprise, une personne, un service ou une marque sur le web pour surveiller sa réputation en ligne. De plus en plus performants et puissants, ces outils permettent de pousser de plus en plus loin les analyses de l'opinion. Ce n'est plus le message d'un individu qui est intéressant, mais la globalité de l'expression : qui s'exprime ? comment ? où ? dans quelle proportion ? avec quel écho ? etc.

Aujourd'hui, il est possible d'identifier des signaux faibles qui montent dans l'opinion et de comprendre les mouvements de perception sur des sujets déjà forts. L'analyse des corpus de profils, des communautés ou des plateformes d'expression devient également riche d'enseignements. Certes, l'expression de l'opinion en ligne n'est pas représentative, contrairement à un sondage réalisé avec la méthode des quotas, mais elle est largement significative. Ceux qui s'expriment sont lus et écoutés, et ils participent *a minima* à la structuration de l'opinion et surtout à la diffusion des informations, qu'elles soient vraies ou fausses. Rappelons à ce sujet que les *lurkers* (voir chapitre VI) représentent, d'après certains, 80 % des internautes. C'est donc à partir de ce qu'ils lisent et écoutent sur les réseaux sociaux qu'ils se forgent leur avis. C'est pourquoi l'expression de l'opinion en ligne mérite d'être étudiée et analysée. Il est temps de sortir de la caricature avec la mise en avant dans les médias du tweet de Pimpin32 qui est qualifié d'« amusant » ou qui est si pratique pour résumer une idée sans s'engager. C'est l'analyse des volumes et de ses modalités d'expression qui mérite notre attention. C'est elle qui doit être prise en compte par les politiciens et les institutions, comme c'est déjà le cas dans le monde économique des entreprises.

L'analyse de l'opinion en ligne est un moyen fort pour comprendre et agir, à condition de le faire dans les règles de l'art. C'est un outil précieux pour prendre la mesure de l'évolution de l'opinion et de ses centres d'intérêt, et certains l'ont bien compris. Donald Trump est ainsi le premier homme politique à avoir habilement utilisé de cette façon les réseaux sociaux. En effet, durant la campagne présidentielle de 2016, contrairement à sa concurrente Hillary Clinton qui utilisait les plateformes de façon classique, c'est-à-dire avant tout comme un vecteur de communication verticale, les équipes de Donald Trump les ont d'abord utilisées pour écouter l'opinion. Avant chaque meeting de campagne, ils étudiaient et analysaient les conversations locales pour déterminer les préoccupations et les attentes des citoyens. Les thématiques du meeting étaient ensuite définies pour être en parfaite adéquation avec les préoccupations et les centres d'intérêt des personnes qui allaient y assister. Cela renforçait le sentiment de proximité entre le peuple et le candidat. Certes, c'était une manipulation grossière, mais cela a fonctionné, puisque Trump était alors considéré comme proche des gens et a largement bénéficié de cette image positive. À l'inverse, Hillary Clinton a mené ses meetings sur des sujets programmés en amont, malgré la teneur des conversations locales, ce qui a donné une impression de plus en plus forte de décalage avec le terrain. Et si l'attention portée aux conversations en ligne et à l'expression de l'opinion est une clé utilisée principalement par les populistes à des fins de manipulation, il est temps que les figures politiques de tout bord s'en emparent pour apporter des réponses réalistes et sincères. Aux États-Unis, ce mouvement est déjà amorcé, et les politiciens ont presque tous adopté cette pratique. Même si l'exploitation des données reste encore floue et souvent caricaturale, on ne peut que se réjouir de ce mouvement qui calmera l'expression du mécontentement des citoyens. En effet, le premier levier pour apaiser la colère est l'écoute, symbole de la reconnaissance.

Donald Trump ne s'est pas limité à la prise en compte des conversations sur les réseaux sociaux. Il a également utilisé les plateformes numériques, et en particulier Twitter, comme un outil de communication à part entière. Il a ainsi mis en scène sa défiance envers les médias traditionnels en donnant l'impression qu'il parlait directement aux gens, ce qui a encore renforcé chez ces derniers le sentiment d'une forme de proximité. De plus, le fait de prendre lui-même la parole sur ce média social a été perçu comme une forme d'attention envers les citoyens américains, souvent opposés au mépris de sa rivale, la démocrate Hillary Clinton, qui ne s'adressait quant à elle pas directement au peuple, mais par le biais de *community managers*, donc de collaborateurs.

L'usage qu'a fait cette dernière des réseaux sociaux en 2016 est assez classique et révélateur de la relation habituelle que les figures politiques entretiennent avec les plateformes. Leur fonctionnement dans une logique de réciprocité et de dialogue est relativement incompatible avec le *modus operandi* classique des politiciens. Même si, depuis, nombre d'entre eux ont compris l'intérêt de l'écoute comme capteur des tendances et des évolutions de l'opinion, ils n'ont pas encore réellement modifié leur utilisation et leur rapport aux outils numériques comme les réseaux sociaux. Les nouvelles règles de ces médias, fondées sur la sincérité et la confiance, sont complexes à saisir pour eux, car elles réclament une forme de lâcher-prise antinomique avec leur fonctionnement naturel, une approche qui leur est souvent étrangère.

Certes, les politiciens écoutent, mais ils écoutent presque toujours pour les mêmes raisons : identifier et contrôler. En effet, quand les États utilisent les réseaux sociaux, c'est presque toujours dans l'objectif d'ordonner, et non de convaincre. Mais la tendance pourrait s'inverser : ainsi, les membres du 116e congrès des États-Unis, qui s'est tenu de 2019 à 2021, ont produit près de 2 millions de posts sur Twitter et Facebook, soit 738 000 posts de plus que le 114e congrès, ce qui représente environ 3 000 publications supplémentaires par membre. Cette activité accrue a entraîné une augmentation de l'engagement des internautes : leurs posts ont suscité près de 2 milliards de réactions et environ 500 millions de partages ou de retweets sur les deux plateformes réunies.

Les politiciens ne peuvent plus se passer des réseaux sociaux, aussi doivent-ils commencer à réellement les comprendre et à fonctionner efficacement pour ne pas se laisser submerger par la masse de données à analyser. Bien sûr, il y a d'autres moyens de communiquer avec les citoyens et de transmettre des informations, comme une interview dans les médias, un message sur un site web, l'organisation d'événements et rencontres, mais aucun n'est aussi simple, direct et peu onéreux que l'utilisation des réseaux sociaux. Il s'agit en réalité de déterminer l'objectif recherché : informer, dialoguer, tester, recruter, vendre… l'approche variera en fonction de l'objectif, mais pas selon l'émetteur. Tous sont en effet confrontés au même enjeu : comment se démarquer de la masse et créer de l'engagement avec sa communauté ? Pour cela, il est nécessaire que les contenus partagés activent l'un des leviers de la viralité (voir chapitre V). Ce contenu doit être soit esthétiquement attractif, soit intelligent, soit amusant, soit étonnant, soit unique et, dans l'idéal, il réunira plusieurs de ces qualités. Les volumes des messages partagés sur les réseaux sont tels qu'il est parfois difficile d'émerger et la caution ou le soutien d'un influenceur devient un moyen de se démarquer. Par exemple, la vidéo d'un office du tourisme régional sera davantage relayée si elle est réalisée par un influenceur qui compte plusieurs millions d'abonnés et qu'il présente les atouts de la région en se mettant directement en situation.

Respecter l'opinion publique exige de savoir l'écouter et dialoguer avec elle. C'est certainement la plus grande difficulté aujourd'hui pour les dirigeants et les politiciens : admettre qu'il est inutile, voire contre-productif, de vouloir imposer les choses. Une approche verticale crée de la distance avec l'opinion, décrédibilise la parole retransmise et renforce une forme de défiance envers le monde politique.

Les politiciens, nous l'avons vu, sont confrontés à une antinomie : le lâcher-prise de la confiance inhérent aux réseaux sociaux s'oppose à l'attitude traditionnelle du monde politique, qui s'inscrit d'habitude dans une dimension verticale et dans la maîtrise permanente. Or, pour se concilier l'opinion publique, le principe de départ est d'engager la conversation avec elle, là où les politiciens font généralement l'inverse.

Angela Merkel, qui a mené des débats en visioconférence durant la pandémie de Covid-19, est certainement ce qui se rapproche le plus de ce principe, ce qui explique en partie sa popularité et sa longévité, mais cela reste une exception. À ce manque de dialogue libre il faut ajouter les concepts de sincérité, d'authenticité et de cohérence. Les politiciens font l'objet d'une défiance grandissante liée, entre autres, à la perception d'un manque de sincérité dans leur parole. Le dialogue avec les citoyens est possible sur les réseaux sociaux et est même attendu par le public, en témoignent les succès d'audience des interviews sans filtre de certains politiciens sur Twitch.

Chaque jour, des milliers de cahiers de doléances s'écrivent sur Internet, autant de revendications, d'exigences, d'objections, de propositions... Mais quel est l'intérêt, si cela n'aboutit jamais à rien de concret ? Un élu, même désigné par une minorité de citoyens du fait de l'abstention grandissante, aura toujours plus de pouvoir pour faire évoluer la loi qu'un influenceur ou une masse d'internautes. L'opinion s'exprime, le fameux cinquième pouvoir est là. Et le mépriser a un effet dévastateur, car l'opinion ne comprend pas que les quatre premiers pouvoirs (législatif, exécutif, judiciaire et informatif) ne l'écoutent pas.

Comme l'affirme Vinton G. Cerf, co-inventeur du protocole TCP/IP, qui permet les transferts de données sur Internet, le web est un « facilitateur de droits » offrant à la population « de nouvelles manières [...] d'exercer ses droits humains et civiques[1] ». Pour lui, il est inévitable que les partis politiques s'intéressent à la « révolution technologique ». La conséquence directe de cette rencontre est une modification profonde, non pas de la politique en elle-même, mais de la manière de « faire de la politique ». L'affirmation de Vinton Cerf prend tout son sens avec l'émergence de « partis politiques numériques » comme les Gilets jaunes, qui se fondent sur une crise de la représentation relayée par une double idée : une contestation latente et le replacement du citoyen au cœur de la vie politique. Selon lui, cette remise en cause vient du fait que les critiques récurrentes adressées aux partis politiques ne sont jamais écoutées. Avec les réseaux sociaux, le cadre de la représentation s'est complexifié et les rapports du citoyen à la politique ont clairement changé. Si ce dernier est désormais « informé » quasiment en temps réel, il lui est également possible de s'exprimer et même de contester, là encore, en temps réel.

Les politiciens pensent encore que le web et l'expression sur les réseaux sociaux doivent être à leur service. Le fonctionnement des outils qu'ils utilisent, comme NationBuilder, en est la preuve. Ces plateformes sont essentiellement fondées sur la gestion de contenu pour une communication efficace

1. Vinton G. Cerf, « Internet access is not a human right », *The New York Times*, 4 janvier 2012.

car très ciblée, en particulier par l'intermédiaire d'une fonction « *match* » à l'aide d'une collecte de données personnelles issues de plusieurs réseaux sociaux (Facebook, LinkedIn, Twitter, etc.). Ce n'est pas l'adhérent lui-même qui est analysé, mais l'ensemble de son réseau social et de son activité numérique. Ces outils permettent aussi de gérer un fichier de militants et une cartographie électorale, et ainsi de réaliser des campagnes de porte-à-porte rationalisées. Finalement, les outils numériques sont en quelque sorte utilisés par les politiciens pour scénariser leur campagne : susciter l'attente du public, alimenter les interrogations et même la curiosité, et mettre en scène les réponses. En bref, ils appliquent des méthodes relevant du pur marketing et certainement pas de la conversation, encore moins du débat d'idées. Ces outils ont pour seul objectif de pousser leur propagande et de mesurer leur puissance électorale, pas de dialoguer avec les citoyens et encore moins d'analyser leurs attentes. L'expression de l'opinion sur les réseaux sociaux est donc réduite, en politique, à une logique utilitaire. On en oublie le contenu directement émis par les citoyens. En fait, les réseaux ne constituent pour le monde politique qu'un moyen de démarcher les électeurs.

Pour alerter sur les dangers des réseaux sociaux, on évoque souvent l'élection de Donald Trump ou le vote pour le Brexit. Ces résultats électoraux sont rarement analysés comme des choix délibérés de la part des citoyens, voire comme un réengagement populaire de ces derniers dans le vote. Au contraire, on les analyse la plupart du temps comme des manipulations de masse. Bien sûr, ces campagnes ont comporté leur lot de mensonges ou d'ingérences étrangères, mais il est de toute façon rare qu'une campagne électorale se déroule sans tentative de manipulation. Après la mort de Georges Pompidou, en 1974, Jacques Chaban-Delmas s'est porté candidat à l'élection présidentielle anticipée. Ses ennemis politiques ont alors fait courir la rumeur qu'il avait commandité la mort de sa deuxième épouse, décédée dans un accident de voiture, pour épouser sa maîtresse. Les Français, et notamment les élus locaux, recevaient des appels ou des lettres anonymes l'accusant publiquement, tandis que les murs des villes se couvraient de l'inscription « Chaban assassin ». La manipulation ne date donc pas d'hier. Il s'agit alors de bien distinguer les campagnes affectées par des tentatives de manipulation de l'opinion et celles aboutissant à des résultats qui dérangent une partie des citoyens et des médias. L'enjeu est-il toujours de lutter contre les rumeurs ou d'essayer d'enrayer la progression de certaines idéologies au simple motif qu'elles ne nous conviennent pas ? C'est un peu comme si l'on disait : « Le peuple ne pense pas comme il faut, retirez-lui ses codes d'accès. » Mais qui peut penser que cela résoudra le problème ? Cela rappelle la fameuse phrase de Bertolt Brecht dans *La Solution* : « Ne serait-il pas plus simple alors pour le gouvernement de dissoudre le peuple et d'en élire un autre ? »

Devant le contrôle permanent que les leaders politiques et les instances étatiques cherchent à garder sur l'expression de l'opinion en ligne, le chercheur Félix Treguer, auteur de *L'Utopie déchue*[1], appelle à « casser la machine », mais cela semble difficile, voire impossible. Certains essayent de contourner les géants du numérique pour faire entendre leur voix. C'est par exemple le cas de Michel Onfray, qui a créé sa propre chaîne en ligne, mais cela ne fonctionne qu'une fois que l'on a construit sa notoriété par des voies traditionnelles et que l'on dispose de communautés suffisamment importantes pour générer un système qui s'autofinance. Même Jean-Luc Mélenchon, premier pourfendeur des GAFAM, ne peut pas se passer de YouTube, où il se classe parmi les responsables politiques comptant le plus d'abonnés. Comme tout le monde, il est obligé d'aller chercher l'audience là où elle est désormais captive. Lorsque Donald Trump a été banni de toutes les grandes plateformes, il n'a pas réussi à reconstituer sa communauté numérique sur le réseau social Parler : d'une part, ses partisans sont pour beaucoup restés inscrits sur les quelques grands réseaux qu'ils maîtrisaient et où ils avaient construit leur vie sociale ; d'autre part, Apple et Google ont bloqué le téléchargement de l'application et menacé de la supprimer définitivement si Parler ne mettait

1. Paris, Fayard, 2019.

pas en place une politique de modération. De son côté, Amazon a cessé de l'héberger sur les serveurs de sa filiale cloud AWS.

Quand il s'agit d'évoquer les réseaux sociaux, les politiciens oscillent entre obsession et désintérêt. Dans n'importe quelle campagne, Facebook et Twitter seront au cœur des conversations quotidiennes entre les candidats et leurs équipes : « On a réagi sur Twitter ? Ça fait le buzz ? Les commentaires sont négatifs ? Il faut que nos militants répondent. Faites répondre ! » En réalité, ils ont surtout intégré que Twitter a été investi massivement par les journalistes et qu'une opération de mobilisation en ligne ou une mauvaise polémique génère systématiquement des articles dans la presse. Mais, du côté des urnes, les réseaux sociaux n'ont pas encore fait la preuve de leur efficacité, comme en témoigne cette phrase de dépit prononcée par Sébastien Chenu, tête de liste pour le Rassemblement National dans les Hauts-de-France, lors des élections régionales de 2021 : « Les électeurs ont la clé pour changer l'équation. Je leur dis : si vous voulez le changement, ce n'est pas via un *like* sur Facebook. Il faut aller voter[1] ! »

Parmi les nouvelles utilisations des outils numériques par les politiciens, il faut noter les Civic Tech,

1. « Régionales 2021 : dans les Hauts-de-France, Xavier Bertrand savoure son score surprise et pense déjà à la présidentielle », Laurie Moniez et Solenn de Royer, *Le Monde*, 21 juin 2021.

ou technologie civique, c'est-à-dire l'ensemble des procédés et outils visant à améliorer le fonctionnement démocratique des sociétés en renforçant le rôle des citoyens dans les débats et les prises de décision. Tout l'enjeu est de savoir si ces Civic Tech sont une illusion ou une solution. Méconnues du grand public et souvent mal déployées et mal utilisées, elles ne connaissent certainement pas le développement qu'elles devraient. Pourtant l'intention derrière leur création est vraiment bonne et en lien avec les attentes des citoyens. Ainsi, en 2011, la ville de New York a lancé pour la première fois une logique de budget participatif qui a permis à de nombreux citoyens de renouer avec la vie politique. Ce procédé repose sur un principe simple : donner aux habitants le pouvoir de décision sur une partie du budget, au long d'un processus de huit mois où ils sont accompagnés et formés. Ce dispositif a démontré que les citoyens qui s'étaient détournés de la politique y reviennent : par exemple, les Hispano-Américains participent environ deux fois plus à ce type de scrutin que lors des élections locales. Chez les jeunes de moins de 24 ans, la proportion de votants passe elle aussi de 4 % à 7 %. En France, de nombreuses régions se sont emparées de ces outils participatifs. L'échelon local constitue en effet souvent une clé intéressante dans ces démarches. Donner aux citoyens les moyens de s'exprimer ailleurs que dans la rue commence par l'écoute, par l'attention, par le dialogue, et ces dispositifs répondent à ces besoins. Bien évidemment, écouter ne veut pas dire consentir, mais c'est un premier pas indispensable pour ramener le peuple vers la vie politique. Les minorités qui ne sont pas reconnues et écoutées descendent dans la rue pour faire valoir leur voix. Les militants expriment leur volonté d'être entendus et de nourrir le parti de leurs idées. Les citoyens veulent pouvoir participer aux choix qui vont influer sur leur quotidien. Dans un monde en perpétuelle mutation, et où les événements les plus imprévisibles peuvent apparaître sans crier gare (pandémie, guerre…), il n'est plus question de donner un blanc-seing aux politiciens pour plusieurs années sans consultation. Le peuple veut pouvoir influer tout au long d'un mandat, être consulté et interagir avec les élus, comme le prouvent les différents mouvements sociaux d'ampleur de ces dernières années. Pour les citoyens, une force politique moderne est un parti qui les associe davantage aux décisions, ce qui a déjà été entrepris de manière sporadique.

Ainsi, le Mouvement 5 étoiles (M5S), créé en 2009 et qui a remporté sa première grande victoire lors des élections générales italiennes de 2013, s'est construit autour de la participation directe de ses militants sur Internet. Cofondé par l'humoriste Beppe Grillo et un informaticien alors inconnu, Gianroberto Casaleggio, le mouvement s'est appuyé, pour émerger, sur un blog et sur la plateforme Rousseau, qui permettait aux adhérents de désigner les candidats et de voter pour diverses propositions.

De même, on lit souvent que la victoire de Barack Obama s'est jouée sur sa capacité à mobiliser son électorat sur les réseaux sociaux. Mais c'est, comme cela a été le cas pour le Mouvement 5 étoiles, réduire l'analyse aux outils employés, alors que c'est la démarche qui est véritablement instructive. À ce titre, le parcours, la méthode et les résultats obtenus par Chris Hughes, l'un des fondateurs de Facebook et des principaux artisans de cette stratégie de communication, sont instructifs. Il a en effet contribué à la création et l'animation du profil Facebook de Barack Obama. C'est dans l'optique de créer un lien social de proximité qu'il a conçu la pierre angulaire du dispositif communautaire du candidat, le site Mybarackobama.com. La grande force de ce dernier a été de permettre la décentralisation de la mobilisation en incitant militants et sympathisants à prendre des responsabilités locales. En fin de campagne, pour minimiser la portée des attaques des militants républicains et pour enrayer les rumeurs qui risquaient d'écorner la réputation de Barack Obama sur Internet, le site a repris point par point les controverses et a contre-argumenté, articles de presse, biographies, chiffres et vidéos à l'appui. Les résultats de cette stratégie ont été remarquables grâce à l'utilisation à bon escient de la connaissance des médias sociaux.

Ces méthodes ont inspiré les politiciens du monde entier, mais peu ont réellement réussi à reproduire ce succès. En France, Jean-Luc Mélenchon est certainement celui qui a le mieux compris et utilisé les outils numériques et adopté ces nouvelles pratiques. Les raisons de ce succès sont multiples mais, au-delà de l'innovation et de la maîtrise des outils, c'est surtout le sentiment de sincérité et d'authenticité ressenti par les internautes dans ses messages, ainsi que son formidable sens de la formule parfaitement adapté aux réseaux sociaux, qui ont fonctionné auprès des électeurs. Que ce soit sur Twitter avec ses phrases-choc ou dans son émission « La Revue de la semaine » sur YouTube, il a su créer avec son audience un lien fort de connivence et de proximité. Son équipe est même allée jusqu'à créer un jeu vidéo particulièrement décalé et apprécié. Raphaël Glucksmann et son mouvement Place publique savent eux aussi bien utiliser les codes d'expression sur les réseaux sociaux, en signant des messages très largement diffusés, car souvent dans l'invective et dans la formule percutante. Mais ils constituent aussi le contre-exemple de la pénétration des communautés : ils rencontrent un succès massif auprès d'individus qui partagent déjà leurs idées.

« Cette campagne va se jouer sur le web. » Qui n'a pas entendu ou lu cette phrase ? Et pourtant, bien peu de campagnes électorales ont été réellement influencées par la présence numérique de tel ou tel candidat. Ainsi, durant les élections présidentielles de 2017, François Asselineau était particulièrement présent et actif sur les réseaux sociaux, pour le résultat médiocre qu'on connaît. De même, Jean-Luc Mélenchon a été de loin le champion de la communication digitale, tandis qu'Emmanuel Macron était étrangement à la peine sur ces outils et avait beaucoup de mal à créer de l'engagement avec les électeurs. Et pourtant…

En 2022, Jean-Luc Mélenchon a été excellent sur les réseaux sociaux et sur le digital de façon globale, et certains candidats, comme Éric Zemmour, se sont montrés particulièrement actifs en ligne, avec des méthodes parfois à la limite de l'éthique. Emmanuel Macron, bien qu'ayant largement progressé dans le champ numérique, n'a pas réussi à susciter l'engouement des réseaux. Serait-ce alors la preuve que l'élection ne se joue donc pas sur les plateformes numériques ? C'est plus compliqué que cela, évidemment. Les réseaux sociaux à eux seuls ne peuvent faire gagner ou perdre, mais ils jouent indéniablement un rôle majeur, car ils constituent la clé de la réputation des candidats, celle-ci étant la somme de leur notoriété et de leur image.

La renommée est une première étape qui peut mener les candidats à la victoire. Comme Donald Trump le répète à l'envi, « on ne vote pas forcément pour quelqu'un qu'on connaît, mais on ne vote jamais pour quelqu'un qu'on ne connaît pas ! » Sur le web, la notoriété se transforme en taux d'intérêt (le nombre de messages mentionnant le candidat sur l'ensemble des réseaux sociaux et des lieux d'expression digitale), un indicateur suivi de très près par les équipes de campagne. Dans un premier temps, que ce soit en bien ou en mal, l'essentiel est que les internautes parlent du candidat, qu'il suscite intérêt et attention dans l'opinion. Toutefois, plus l'échéance électorale se rapproche et plus le taux d'intérêt doit être non seulement élevé, mais surtout positif.

La deuxième composante de la réputation d'un homme politique est son image. Pour qu'elle soit positive et efficace pour convaincre, elle dépend en partie des militants en ligne, qui doivent obéir à deux règles : avoir une forte capacité de mobilisation et parvenir à élargir l'audience du candidat. L'opinion militante s'exprime en effet dans des logiques communautaires, que ce soit lors d'une élection ou non. On échange et diffuse ses idées et celles de son candidat, de son représentant politique, au sein d'une communauté qui partage les mêmes convictions. Cela permet de mobiliser ses pairs et de transmettre les « éléments de langage » et positions d'un parti. Mais tant que ces conversations, aussi volumineuses soient-elles, restent cantonnées au sein d'un groupe, elles ne permettent pas de conquérir de nouveaux électeurs. Cela revient à faire du bruit au sein d'un meeting politique. Certes, cela galvanise les participants, mais personne d'autre ne les entend et cela n'augmente donc pas le nombre d'électeurs potentiels, ce qui constitue la clé de la réussite en politique. C'est là que l'expression sur les réseaux sociaux et la puissance des leviers de la viralité peuvent agir et influencer le résultat d'une élection. Nous avons évoqué au chapitre V ces différents leviers, qui sont tous exploités par les politiciens pour tenter de conquérir de nouvelles communautés. C'est là que réside le véritable défi, qui souvent se révèle complexe, voire impossible à relever pour certains. Les bulles algorithmiques (voir chapitre VI) ont un rôle ambigu : elles peuvent compliquer les stratégies des équipes de campagne, mais lorsqu'elles sont maîtrisées, elles se révèlent parfois extrêmement efficaces. Fort heureusement, en France, la manipulation par l'achat de mots-clés, de sponsoring ou d'espaces est interdite durant une campagne. Nos règles électorales sont très strictes sur tous les espaces, y compris numériques. La transparence, qui n'empêche pas les contrôles, est le garant de cette éthique. En revanche, aux États-Unis, où les règles sont bien différentes et autorisent la publicité et le sponsoring, les stratégies en ligne peuvent réussir à contourner les bulles, voire à les exploiter. Les préoccupations d'une communauté sont ainsi utilisées sans vergogne pour entrer en contact avec ses membres, les infiltrer et influencer leur vote. Le fait de se montrer attentif à leurs questions, à leurs attentes et à leurs besoins, que ce soit avec des vraies ou des fausses informations, crée un sentiment de proximité avec le candidat, en donnant l'impression qu'il connaît les électeurs et leurs préoccupations, comme nous l'avons vu pour expliquer le succès de Donald Trump en 2016, ou en Angleterre au moment du Brexit : la diffusion de fausses informations et de chiffres mensongers a été un moyen efficace pour pénétrer des communautés très différentes et convaincre une large part de la population qui était encore hésitante.

En France, l'utilisation des moyens numériques reste classique, est souvent plus éthique et s'appuie parfois sur les influenceurs, qui constituent des relais de parole particulièrement efficaces auprès de leur communauté, comme a pu le voir avec le recours à des personnalités comme Tibo InShape (vidéaste spécialisé dans le domaine du sport et suivi par plus de 9 millions d'abonnés sur YouTube) pour promouvoir le Service national universel, ou EnjoyPhoenix (vidéaste et influenceuse franco-suisse spécialisée en mode et beauté suivie par 3,6 millions d'abonnés sur YouTube) pour mettre en avant l'action de Brune Poirson, à l'époque secrétaire d'État auprès de la ministre de la Transition écologique et solidaire.

En termes de communication politique, les outils digitaux et l'omniprésence de l'expression des citoyens sur les réseaux sociaux ont modifié quelques règles. Le premier modèle de communication était la « seringue hypodermique », expression qui suggère que tout message est reçu sans délai et entièrement compris par le destinataire, et qui évoque une mise sous influence insidieuse. Ce modèle a été remis en cause au milieu du XXe siècle par deux sociologues américains, Elihu Katz et Paul Lazarsfeld. Selon eux, l'influence des médias sur l'opinion publique est limitée, car ce sont avant tout nos pairs et les leaders l'opinion qui nous influencent. Cette théorie a été largement confortée en France par Philippe Breton et Serge Proulx dans leur livre *L'explosion de la communication*[1]. L'arrivée des réseaux sociaux a encore renforcé ce nouveau paradigme. Le principe de l'influence par les leaders d'opinion et les pairs s'est modélisé avec les logiques de communautés. Comme l'écrit le sociologue Éric Maigret dans son avant-propos à l'ouvrage évoqué ci-dessus, le monde médiatique dans lequel nous vivons a changé. Les grands médias de masse laissent peu à peu la place aux médias « participatifs » et « relationnels » dont Internet est devenu le vecteur. La question de l'opinion à l'ère des *mass media* mérite donc d'être à nouveau posée.

En France, un penseur peut être considéré comme un pionnier de cette approche. Il s'agit de Michel de Certeau qui publia en 1980 *L'invention du quotidien*[2]. Philosophe, théologien et historien, il reconnaît d'emblée la capacité des individus à l'autonomie et à la liberté. Pour lui, les gens ordinaires sont capables de créativité et de s'inventer une manière propre de cheminer. Ces théories confortent la réalité d'une expression de l'opinion publique plus autonome qu'on se le figure.

Cette expression peut passer pour une forme de passivité quand on sait que les *lurkers* sont légion : leur nombre, difficile à déterminer, est estimé à

1. Paris, La Découverte, 2012.
2. Paris, Gallimard, 1990 (1re éd. 1980).

80 % des internautes. Sur Instagram, 62 % des utilisateurs regardent le contenu des autres sans jamais rien poster. Le monde politique doit également tenir compte de cette donnée pour affiner son discours et ses méthodes.

VIII

L'instrumentalisation des réseaux par les États

8 novembre 2016. Donald Trump est élu 45e président des États-Unis. Une entreprise, enfin deux, reviennent en boucle dans les médias : Cambridge Analytica et Facebook. Le Président nouvellement élu aurait en effet employé les services d'analyse de données à grande échelle de l'entreprise britannique pour influencer la campagne sur la plateforme américaine. Outre-Atlantique, la gauche s'indigne et met en cause le réseau social. Au lendemain des résultats de l'élection, l'éditorialiste du *New York Magazine* Max Read signe une tribune au vitriol : « Donald Trump a gagné à cause de Facebook. » C'est la première fois que le rôle d'une plateforme est mis en cause au-delà de sa fonction primaire de connecter entre eux les individus du monde entier. On parle ici de l'analyse de dizaines de millions de données d'utilisateurs, à l'insu de ces derniers,

dans le but de dresser leur profil psychologique, de définir leurs besoins et leurs centres d'intérêt et enfin de les influencer dans leurs décisions. L'utilisation de ce service d'analyse de masse a changé le jeu politique. Sans évoquer le scandale lié à l'utilisation et à l'exploitation frauduleuse de millions de données, la Russie elle-même aurait activement participé en sous-main à la présidentielle américaine en ayant recours aux données de Cambridge Analytica. On a en effet souvent évoqué le rôle ambigu de la Russie pour faire élire Trump. L'histoire de ces adolescents macédoniens rencontrés par BuzzFeed en 2016 et avouant fièrement qu'ils abreuvaient les électeurs américains de fausses informations a dévoilé l'existence d'une machine complexe œuvrant dans l'ombre pour servir les intérêts de Donald Trump. Cet événement majeur, tant pour la vie politique américaine que pour la démonstration du rôle dévoyé des réseaux sociaux, marque un tournant dans l'instrumentalisation des plateformes à des fins politiques et gouvernementales.

Cambridge Analytica, Facebook, la Russie et les *fake news* ont fait date dans l'histoire des réseaux sociaux. Le pouvoir d'influence des plateformes ainsi que leur capacité à collecter des données sur leurs utilisateurs et tout savoir d'eux ont été finalement révélés au grand public. Ce monstre de Frankenstein hors de contrôle rappelle un épisode de la série dystopique *Black Mirror*, dans lequel un homme, dévasté par la mort de sa femme, victime d'un accident de voiture après avoir consulté une notification de son réseau social préféré, cherche à contacter le patron dudit réseau pour lui faire porter la responsabilité de ce décès. Après de multiples rebondissements, il finit par échanger avec le P.-D. G du réseau social. Ce dernier lui explique qu'il n'a plus le contrôle sur sa plateforme, que son rêve de départ est bien loin et qu'il a engendré une créature instable gérée par des actionnaires vénaux. Cet exemple tiré de la fiction illustre le caractère monstrueux des médias sociaux, cette perte de contrôle des individus, des États et des plateformes elles-mêmes.

À l'inverse, en Chine, l'État exerce un contrôle total sur les réseaux sociaux du pays (Facebook y est d'ailleurs proscrit). Le réseau phare y est Sina Weibo, créé en 2009 et qui revendique aujourd'hui 500 millions d'utilisateurs. Sur cette plateforme, l'État chinois censure tout. On ne peut plus y parler de politique, de défense, d'économie, de sécurité ou tout autre sujet qui participe à l'élaboration du débat public, comme en témoignait Ma Xiaolin le 30 janvier 2021 : « J'ai reçu un coup de téléphone du service client de Weibo. Désormais, les comptes individuels de Weibo ne doivent plus publier de contenus originaux sur la politique, l'économie, la défense, etc. En tant que chercheur et chroniqueur sur les questions internationales, je suppose que je n'aurai qu'à prendre le chemin du divertissement[1]. » Il en va de même pour WeChat, autre réseau social majeur chinois, qui a enjoint à ses utilisateurs de « ne pas commenter les contenus politiques, économiques, diplomatiques ou d'autres actualités majeures ». Et dans le cas où l'on souhaiterait pouvoir évoquer ces sujets, il devient nécessaire d'obtenir des « qualifications requises ». Le gouvernement chinois a en effet publié une loi qui interdit à la fois aux plateformes et aux utilisateurs de « diffuser du contenu interdit par les lois et les réglementations pertinentes ». En 2021, Douban et Weibo, deux réseaux sociaux populaires, ont été publiquement condamnés à des amendes de plusieurs millions de yuans. La même année, 3,5 millions de contenus, touchant entre autres la politique, le féminisme, la communauté LGBT et le soutien aux travailleurs, ont été censurés par les autorités sur les réseaux sociaux fermés. Des chaînes de vulgarisation scientifique comme PaperClip, qui avaient diffusé des informations sur le Covid-19, ou de sciences sociales, comme Elephant Magazine, ont également été fermées. Mais cette censure arrive tout de même à être contournée. Ainsi, en 2022, un mouvement sans précédent s'est formé pour dénoncer la politique zéro Covid du gouvernement : des internautes se sont mis à afficher des carrés blancs sur leur profil WeChat, tandis que des manifestants ont défilé en

1. Voir « Sur les réseaux sociaux chinois, il faudra une autorisation pour parler économie et politique », *Courrier international*, 3 février 2021.

brandissant de simples feuilles blanches, vierges de tout slogan. Les Chinois détournent ou fabriquent aussi différentes expressions afin de contourner les mécanismes de surveillance, comme ces étudiants qui se sont pris en photo en tenant des feuilles couvertes d'équations de Friedmann, du nom d'un célèbre physicien russe, faisant implicitement référence à l'expression anglaise *freed man* (homme libéré) ou au terme *freedom* (liberté). D'autres ont évoqué sans le dire les manifestations avec l'expression « peau de banane », qui a en mandarin les mêmes initiales que le président Xi Jinping, ou encore « mousse de crevette », à la sonorité proche du mot « démission ». « Les réseaux sociaux restent la caisse de résonance principale du mécontentement social. Ils permettent à l'État-parti de savoir ce que pense la population et de pouvoir tuer le mécontentement dans l'œuf quand ils le repèrent[1] », a rappelé Chloé Froissart, professeure de sciences politiques au département d'Études chinoises de l'Inalco. Les vidéos des manifestations en Chine, contre la politique zéro Covid ont d'ailleurs été retirées très rapidement après leur diffusion.

En Afrique, c'est encore pire et beaucoup moins subtil. Certains États et gouvernements coupent délibérément l'accès à Internet pour empêcher les populations locales de se connecter aux réseaux sociaux.

1. « Manifestations en Chine : face à la censure sur les réseaux sociaux, comment protester ? », Benjamin Beraud, TV5 Monde, 28 novembre 2022.

Rien n'est plus simple : ils demandent aux fournisseurs des services Internet de restreindre l'accès des abonnés aux adresses web des différentes plateformes, ce qui occasionne généralement le blocage de celles-ci. Quels sont les pays concernés par cette politique radicale ? La Tanzanie, lors de ses récentes élections à la présidentielle, l'Éthiopie, à la suite de la mort du chanteur et activiste Hachalu Hundessa, mais aussi le Togo, le Gabon, le Burundi, le Tchad, le Mali, la Guinée, le Soudan, le Burkina Faso et le Zimbabwe. Et la liste continue de s'allonger : désormais, pratiquement tous les États africains sont concernés. Il semblerait en outre que ces coupures soient de plus en plus fréquentes, passant de 12 en 2017 à 25 en 2019 pour l'ensemble de l'Afrique. Comment se défendent les gouvernements interrogés ? Ils prétendent vouloir seulement endiguer les vagues montantes de fausses nouvelles lors des élections, en particulier présidentielles.

Dans la quête étatique d'instrumentalisation des réseaux sociaux, l'Inde est même allée jusqu'à demander aux plateformes de supprimer certains messages d'internautes au sujet de la prétendue mauvaise gestion du pays durant la crise sanitaire. Le Premier ministre Narendra Modi a rapidement été désigné personnellement sur les réseaux sociaux comme le coupable de cette catastrophe sanitaire et s'est tourné vers les plateformes numériques pour faire cesser la contestation. Toujours dans une logique de modération ambiguë, Facebook, Twitter et Instagram ont dans un premier temps supprimé les messages en question, puis en ont remis en ligne certains, en jugeant qu'ils n'enfreignaient pas la loi. Narendra Modi n'en était pas à son coup d'essai : en novembre 2020, il avait déjà menacé d'emprisonner des employés de Twitter si ces derniers ne supprimaient pas certaines publications liées à la révolte des agriculteurs. La plateforme avait alors appelé ses employés sur place à suivre les directives gouvernementales.

On compte également l'Iran parmi les États qui entreprennent de censurer les réseaux sociaux. Les autorités du pays tentent en effet de restreindre fortement l'accès à Internet afin de limiter les capacités de rassemblement des manifestants et surtout pour réprimer à huis clos les soulèvements de la population. Le blocage d'Instagram, réseau social extrêmement populaire en Iran, a pour objectif de rendre invisible ces citoyens qui osent défier le pouvoir et ainsi de les punir « à l'abri des regards ». NetBlocks, un site basé à Londres qui observe les coupures volontaires d'accès à Internet à travers le monde, confirme les tentatives de blocage d'Instagram et de WhatsApp. Après l'interdiction de Facebook, Twitter, YouTube et TikTok ces dernières années, ces deux plateformes sont en effet devenues les plus largement utilisées en Iran. Le fait d'empêcher leurs ressortissants d'y accéder prouve bien que l'expression sur ces réseaux dérange les autorités du pays.

Souvent, les médias sociaux se plient aux demandes des États et des gouvernements. Mais ce n'est pas toujours le cas. Il arrive que les plateformes se rebellent et entrent en guerre ouverte avec les gouvernements ou certaines personnalités politiques sulfureuses, comme au Nigeria, lorsque Twitter a supprimé un tweet du président Muhammadu Buhari faisant référence à la guerre civile du Biafra et jugé haineux à l'égard des séparatistes igbos, et que le chef d'État, en représailles, a demandé aux différents médias du pays d'effacer leur compte Twitter par patriotisme. Le Nigeria compte 210 millions d'habitants, dont 39 millions d'inscrits sur la plateforme. Supprimer cet organe de communication, c'est faire disparaître un relais majeur dans l'élaboration du débat public. On se souvient, en 2014, de l'impact remarquable du hashtag #BringBackOurGirls, donc l'objectif était de sensibiliser l'opinion publique mondiale pour retrouver les 276 écolières enlevées par le groupe jihadiste Boko Haram.

Il arrive aussi que les plateformes elles-mêmes fassent pression sur les États, comme en Australie en février 2021. Dans un communiqué, Facebook a annoncé publiquement s'apprêter à interdire aux Australiens « de partager ou de visionner du contenu d'actualités australien et international ». Pourquoi ? En raison d'un projet de loi porté par le gouvernement visant à obliger les géants du numérique à respecter les droits voisins, afin de contraindre les plateformes à rémunérer les médias locaux en échange de la reprise de leurs contenus. Après une semaine de bras de fer, un compromis a finalement été trouvé, le gouvernement a amendé son projet de loi et Facebook a levé son blocage.

Ce fut également le cas en Turquie après le terrible tremblement de terre de février 2023. Après le séisme, l'accès à Twitter, principale plateforme d'informations dans le pays, avait été suspendu par le gouvernement afin d'endiguer la contestation montante pointant sa responsabilité et sa mauvaise gestion des événements. Cette coupure a entraîné des conséquences importantes sur le sauvetage et ne pouvait perdurer. Elon Musk a alors fait pression sur le gouvernement turc et celui-ci a rouvert l'accès à la plateforme.

Face aux mouvements sociaux lancés par ou avec l'aide des plateformes numériques, notamment Twitter et Facebook, les gouvernements autoritaires ont adopté tour à tour deux stratégies. La première a été de raréfier l'information en censurant les contenus et en bloquant les accès, comme en témoignent de nombreux exemples au début des années 2000, de la Chine à l'Afrique du Nord en passant par le Moyen-Orient. Les régimes autoritaires ont toutefois rapidement pris conscience du potentiel qu'offraient ces nouvelles technologies en termes de surveillance et d'influence de leurs citoyens. La deuxième stratégie de contrôle de la population par Internet a donc consisté, à l'inverse, à tirer profit de la surabondance informationnelle. Les États se retrouvent alors dans une position paradoxale : ils utilisent aujourd'hui les outils qu'ils considéraient hier comme une menace, en employant les technologies de l'information comme un moyen de consolidation du pouvoir et de contrôle social, alimentant des opérations de désinformation et diffusant la propagande gouvernementale à une échelle inédite.

L'utilisation de l'*astroturfing* par les États en est une illustration. On prendra comme exemples la Chine et sa *water army* : plus de 280 000 fonctionnaires diffusent en continu les messages du gouvernement sur les réseaux sociaux. Pensons aussi à la Corée du Sud et à l'opération de diffamation du candidat de l'opposition, orchestrée à travers un vaste réseau de faux comptes sur Twitter, menée par les services secrets durant les élections présidentielles de 2012. Les États-Unis ne sont pas en reste : une fuite d'informations orchestrée par le mouvement Anonymous a montré que le gouvernement américain développait des outils pour mettre en place des opérations d'*astroturfing*. Enfin, le lanceur d'alerte Edward Snowden a révélé que Royaume-Uni et son service de renseignements, le GCHQ (Government Communications Headquarters), savaient manipuler n'importe quel sondage repris ensuite dans les médias.

Si, pour les pionniers du web, l'utopie s'est transformée en cauchemar, ce n'est pas tant du fait d'Internet que parce que notre société moderne et mondialisée est parcourue de tensions : partout dans le monde, les peuples réagissent à la perte de leurs repères nationaux, identitaires et culturels. Fort heureusement, l'utilisation des réseaux sociaux par les gouvernements et les pouvoirs publics peut aussi être positive. L'un des exemples les plus notables en France récemment est celui de la Gendarmerie nationale sur TikTok, qui s'est rapprochée des jeunes citoyens en montrant notamment les coulisses du métier. Sur Twitter, la gendarmerie des Vosges propose aussi quotidiennement des tweets insolites et sérieux à la fois, créant proximité et connivence avec les internautes.

IX

L'instrumentalisation des réseaux par le public et les communautés

En 1999, dans le *Cluetrain Manifesto*[1] (*Manifeste des évidences*), Rick Levine, Christopher Locke, Doc Searls et David Weinberger dressaient un constat qui n'a cessé d'être confirmé depuis : « les marchés deviennent des conversations entre les entreprises et les consommateurs potentiels ». Près de vingt-cinq ans plus tard, avec l'expansion des réseaux sociaux et l'utilisation massive des smartphones, cette théorie est plus vraie que jamais, mais ces conversations ont désormais de nouveaux codes.

Le premier porte sur la durée. La conversation est permanente. Le réseau WhatsApp, en est exemple frappant où de petits signes comme « hello » relancent sans cesse la discussion. On constate aussi que la

1. D'abord diffusé sur le web en 1999 comme un ensemble de quatre-vingt-quinze thèses, l'ouvrage, publié sous forme de livre en 2000, analyse l'impact d'Internet sur le marketing.

conversation est désormais morcelée : la multiplicité des canaux crée des discussions parallèles sur plusieurs lieux. Échanger sur WhatsApp, Messenger et LinkedIn en même temps avec la même personne est devenu fréquent et provoque des erreurs et des décalages parfois déroutants. Mais le morcellement et le décalage des conversations sont surtout liés à la temporalité des échanges. Les réseaux sociaux alternent entre des moments d'échanges intenses et d'autres de pause. Ce calme soudain peut être simplement dû à une tâche qui nous accapare et aboutit parfois à des silences qui ne sont pas toujours bien compris par nos interlocuteurs. L'inscription des publications dans la durée peut aussi causer des distorsions sociales importantes. Ainsi, la persistance des messages dans le temps, sur certaines plateformes comme Twitter ou Facebook, joue un rôle non négligeable dans la gestion des conversations sur les réseaux sociaux. Des messages postés il y a plus de dix ans restent accessibles et peuvent être utilisés pour vous rappeler vos positions et paroles antérieures. À l'inverse, sur des plateformes comme Snapchat, les messages disparaissent rapidement, et les échanges se déroulent donc différemment. Enfin, la conversation s'est élargie dans une logique de collectif qui aurait oublié la politesse codifiée des tours de parole. Les nouvelles règles, implicites, ne sont pas toujours bien comprises et suscitent parfois des échanges très véhéments.

Finalement, quand on parle de conversation mondiale sur les réseaux sociaux, il est important de rappeler que certes, discuter est une attente, voire un besoin, mais les nouveaux codes des conversations perturbent la confiance et la symétrie dans nos relations. C'est une des principales explications de la virulence des propos échangés sur les plateformes.

Dans un premier temps, la croissance des réseaux sociaux et plus généralement du web, avec les blogs ou le journalisme citoyen, a pu faire croire à une dynamique d'émancipation du peuple face aux États comme l'ont incarné les « Printemps arabes », au risque de tomber dans la caricature : on a pu alors parler un peu hâtivement de « révolution Facebook » ou de « révolution Twitter », en présentant naïvement les réseaux sociaux comme la cause principale du déclenchement des révoltes. La réalité est un peu différente, en particulier pour l'Égypte et la Tunisie.

L'expression « révolution Twitter » a émergé en 2009, avec la vague de protestation qui a suivi la réélection du président iranien Mahmoud Ahmadinejad. Ce réseau est alors devenu le moyen privilégié d'obtenir des informations concernant les événements qui se déroulaient dans le pays. Certains analystes, influencés par l'activisme d'un petit groupe de militants iraniens tweetant en anglais, ont mis sur le compte de Twitter l'organisation de la révolte elle-même, mais cette théorie a depuis été battue en brèche par plusieurs spécialistes de l'Iran. La question est finalement la même pour les « Printemps arabes » que pour les divers soulèvements de populations. Quelle a été la contribution réelle des médias sociaux ?

Dans le cas des « Printemps arabes » les premières manifestations de janvier 2011 visaient à dénoncer les actions des forces de sécurité du pays, notamment la torture, devenue courante depuis l'arrivée d'Habib el-Adli à la tête du ministère de l'Intérieur. L'organisation de ces manifestations a été attribuée tant au Mouvement du 6 avril qu'au groupe Facebook « Nous sommes tous des Khaled Saïd », ainsi nommé en hommage à un jeune homme tué par la police en 2010. Ces espaces d'expression et d'organisation sont venus s'ajouter à une base de protestation constituée par des activistes numériques depuis des années. Il faut noter qu'en 2007, alors que les Égyptiens se mettaient à affluer en masse vers Facebook, personne n'imaginait que la plateforme deviendrait un lieu d'échange entre citoyens pour l'organisation de rassemblements populaires. En mars 2008, un groupe s'est créé sur le site pour organiser un mouvement de solidarité envers des ouvriers du textile. Le 6 avril, des grèves et des manifestations ont eu lieu sur la base des consignes diffusées sur ce groupe. Il s'agit donc d'une journée majeure dans la logique de révolution via le numérique. Au début, la protestation était menée et exécutée uniquement par des blogueurs mais, à partir de cet événement elle s'est aussi appuyée sur les réseaux sociaux, favorisant une nette croissance de la mobilisation.

Les médias sociaux ont également joué un rôle important dans le soulèvement tunisien. Avant décembre 2010, la Tunisie était un État policier qui ne se privait pas de filtrer et de censurer Internet, traquant sans relâche les activistes numériques. Malgré cela, le gouvernement n'a jamais réussi à totalement museler l'expression en ligne des opposants. Fait étonnant, mais qui a été une des clés de la révolution sur les espaces numériques, le gouvernement de Ben Ali a décidé d'autoriser l'utilisation de Facebook au moment des manifestations suite à l'immolation de Mohammed Bouazizi. La communauté activiste, usant de cette nouvelle liberté numérique, s'est alors servie de la plateforme pour faire circuler en temps réel images et débats d'opinion sur le soulèvement. Les réseaux sociaux ont donc constitué un lieu d'information, d'organisation et de mobilisation, relayant des colères déjà largement ancrées dans l'opinion.

Lorsque l'on évoque l'instrumentalisation des réseaux sociaux par le public et les communautés, il est difficile de ne pas penser au mouvement des Gilets jaunes, sans conteste parti d'initiatives individuelles en ligne qui ont fini par agréger des soutiens par effet boule de neige. Les citoyens se sont en effet regroupés autour d'un sentiment de colère et de frustration en échangeant leurs témoignages grâce à des outils comme Facebook, Twitter, mais aussi Discord, YouTube ou encore des messageries cryptées. Ce mouvement spontané se méfiant des élites et des corps intermédiaires, il s'est aussi servi des outils numériques pour coordonner et organiser ses actions, qu'elles soient en ligne ou sur le terrain. Chaque semaine, on comptait ainsi plus de 1 500 événements Facebook, à l'échelle d'un quartier, d'un village ou d'une ville. Ce type d'approche n'est pas une nouveauté, le mouvement des Indignés en Espagne ou *Occupy Wall Street* aux États-Unis en 2011 l'avaient déjà mis en place. Des chercheurs comme Anastasia Kavada ont d'ailleurs étudié la capacité des « réseaux socionumériques » à rassembler rapidement des publics autour de questions clivantes, à organiser des mobilisations flash et à générer un type d'action collective qui entraîne un engagement éphémère des participants. Les plateformes numériques permettent de témoigner et de rencontrer des gens qui partagent les mêmes idées ou éprouvent les mêmes souffrances que nous. C'est d'ailleurs une pétition en ligne qui a participé au lancement du mouvement des Gilets jaunes, un outil d'expression personnelle dont l'efficacité passe par le volume, et qui a permis à des centaines de milliers de personnes de se rendre compte qu'elles partageaient le même rejet de la hausse des carburants. Il est aussi intéressant de noter que les algorithmes ont certainement favorisé le mouvement. En effet, le changement d'algorithme décidé par Facebook pour échapper aux critiques sur sa lutte insuffisante contre les *fake news* a été concomitant. Le réseau a ainsi décidé de diminuer la visibilité des contenus issus des médias au profit des discussions entre pairs. Cette modification devait permettre de revenir à la philosophie d'origine de la plateforme, et le nouvel algorithme se veut un moyen de favoriser les contacts et les échanges directs entre individus se considérant comme « amis ». Ce changement est donc intervenu quand le mouvement des Gilets jaunes avait besoin de favoriser les interactions entre des dizaines de milliers de personnes que seuls le mécontentement et la colère unissaient au départ. Le sociologue Baptiste Kotras a d'ailleurs bien résumé le mouvement en rappelant qu'« Internet est un espace privilégié pour les gens qui ne peuvent pas faire circuler leurs idées, car personne ne peut les empêcher de parler. Le web apporte une ouverture de l'espace public[1]. »

La mobilisation de l'opinion a été emblématique avec les Gilets jaunes mais d'autres mouvements sont tout aussi notables. En effet les mouvements mondiaux #MeToo et #BlackLivesMatter ont fait réfléchir et évoluer la société sur les questions de discrimination. On le voit, le collectif est puissant quand il est au service de tous. Entre partage de témoignages et actions collectives, les internautes arrivent donc désormais à prendre le pouvoir.

---

1. « Sur le web, les "gilets jaunes" apprennent à vitesse grand V », Géraldine Delacroix, Mediapart, 7 décembre 2018.

L'une de ces actions est celle du slacktivisme (littéralement « activisme paresseux »), une forme de militantisme sur Internet qui consiste à cliquer pour participer à un mouvement collectif virtuel sans s'engager plus activement et concrètement. Le terme est né en 1995 pour désigner ce type de militantisme purement numérique. Mais depuis, cette forme d'action a en réalité permis à l'opinion de s'engager et de se mobiliser. Avec les réseaux sociaux, le slacktivisme consiste à publier un tweet, liker une photo sur Instagram, signer une pétition sur Change.org ou encore à partager un événement sur Facebook et ainsi apporter son soutien à une cause. La diffusion du *hashtag* #BlackLivesMatter depuis 2013 a montré qu'une mobilisation pouvait prendre de l'ampleur avec un *hashtag* commun, utilisé dans le monde entier, et parvenir à organiser des manifestations de masse. Le slacktivisme peut donc être redoutablement efficace.

Autre exemple positif de mobilisation des internautes : le défi Pixel War lancé par Reddit en avril 2017, qui montre que la solidarité et l'expression collective fonctionnent à merveille sur les réseaux sociaux. Il s'agissait de créer à plusieurs la plus grande œuvre d'art numérique. Reddit avait mis à disposition de ses membres une toile virtuelle où chaque utilisateur était invité à déposer un pixel de couleur, contribuant ainsi à la réalisation d'une œuvre d'art collective. Au début, les contributions furent majoritairement des insultes, des croix gammées ou des sexes masculins. Mais très vite, d'autres internautes ont répondu en ajoutant des pixels plus constructifs. La communauté s'est donc organisée spontanément pour faire régner l'ordre et préserver l'esprit positif du projet. Finalement, une copie de *La Nuit étoilée* de Van Gogh est apparue sur une partie de la toile. Au total, plus d'un million de personnes ont déposé 16 millions de pixels pour créer un chef-d'œuvre collaboratif complexe et chaotique.

Cet exemple montre bien que la confiance dans l'autorégulation est et reste une voie d'ouverture pour résoudre un grand nombre de problèmes actuellement rencontrés sur les réseaux sociaux, en laissant la main aux internautes et en leur donnant les moyens de comprendre et de suivre les actions correctives.

Les individus disposent de nombreux moyens pour agir, mais l'efficacité de ces derniers est généralement liée au nombre de gens qui agissent dans un même sens. Les réseaux sociaux constituent donc certainement l'un des moyens les plus efficaces pour obtenir une mobilisation collective.

Parmi les actions à la portée des internautes, on notera en premier le boycott pour sanctionner le comportement d'une entreprise, d'une marque ou d'un État. Cette action n'est pas toujours très efficace, car le boycott amène à se priver soi-même, pénalisant donc aussi les consommateurs, comme on l'a vu en 2022 avec l'organisation de la Coupe du monde au Qatar, qui a entraîné de nombreux appels au boycott, mais dont les matchs ont connu une très forte audience. Cependant, cette menace est une réalité qui effraie les entreprises et les conduit souvent à adopter un comportement plus vertueux.

Le fameux *name and shame* (« nommer et couvrir de honte »), autre nom de la mise au pilori, constitue également un moyen d'action efficace, car il touche directement la valeur de l'entreprise ou du politicien en écornant sa réputation. De nombreux sites web fonctionnent sur ce principe, comme ceux d'activistes qui pointent les votes des élus. Mais c'est aussi particulièrement efficace sur les entreprises et leurs dirigeants. Aujourd'hui, alors que nombre d'entreprises ont du mal à recruter, un commentaire négatif, concernant par exemple le non-respect de la parité ou des critères environnementaux, ou bien une dénonciation postée sur un site recensant les avis des salariés peut avoir de lourdes conséquences. Cette pratique peut également mettre à mal l'image d'une marque et en détourner ses clients. Venu du monde anglo-saxon, le *naming and shaming* tend à s'étendre en France en donnant aux individus l'impression que leur avis compte et qu'ils ont un pouvoir grandissant, celui d'exprimer leur opinion et de se faire respecter et entendre, celui de compter dans les choix de la société.

Ces pratiques et actions possibles des individus pour agir et faire évoluer les situations sont d'autant plus efficaces qu'elles s'appuient également sur une donnée bien ancrée dans les esprits : la possibilité de se réunir en s'organisant facilement. Le mythe de la convergence est régulièrement agité et redouté par les entreprises et par les leaders politiques. Cette simplicité pour s'identifier entre pairs et pour s'organiser est désormais une menace constante pour les acteurs politiques et économiques.

Enfin, il existe un dernier moyen d'action, auquel on pense moins mais qui est pourtant réel : la puissance du *fact checking* au-delà des fausses nouvelles et des faits alternatifs. En effet, les individus ont accès à toutes les informations et à tous les moyens pour les vérifier. Ils ne sont plus aussi facilement manipulables qu'auparavant, et leur capacité à contrôler la véracité de faits exposés est un véritable pouvoir qu'ils exercent volontiers. Cela passe souvent par l'utilisation d'images réelles qui viennent contredire un discours mensonger, par exemple lorsque les talibans afghans annoncent un assouplissement de leurs règles et de leurs pratiques et que les images postées sur les réseaux sociaux par les citoyens présents sur le terrain démentent incontestablement ces propos rassurants. On peut aussi évoquer un exemple moins dramatique, celui du *hashtag* #SaccageParis : la contradiction entre les images sans équivoque postées sur les réseaux sociaux par les Parisiens et les réponses maladroites de la mairie de Paris, évoquant l'*astroturfing* et l'extrême droite pour se dédouaner au lieu de reconnaître la nécessité d'agir, illustre aussi ce nouveau pouvoir dont dispose l'opinion. De même, les images de télésurveillance diffusées sur les réseaux sociaux en novembre 2020 pour soutenir Michel Zecler, un producteur de musique passé à tabac par des policiers alors qu'il rentrait dans son studio, illustrent le pouvoir du *fact checking* et des internautes : sans ces images qui démentaient formellement les déclarations des agents de police, l'affaire aurait été classée et cet homme n'aurait pu se défendre et prouver son innocence. Le partage en masse par les internautes a donc permis de rétablir la vérité.

Le cinquième pouvoir est celui de l'intelligence collective, et les réseaux sociaux sont le lieu d'expression et de partage de cette dernière. Un collectif construit d'une somme d'individualités qui s'expriment, écoutent, échangent et dont les règles de fonctionnement s'inventent chaque jour pour mieux protéger chacun des dérives de la société.

X

La censure nécessaire et la dérive du contrôle

Les dérives de l'expression par tous auprès de tous sont réelles. L'excès et l'expression caricaturale finissent par devenir une norme. Certes, les États tentent de légiférer, comme la Commission européenne qui propose de mettre en place le Digital Services Act, un ensemble de règles s'appliquant aux grandes plateformes en ligne afin de garantir leur transparence et leur modération. Certains réseaux édictent également de plus en plus de règles pour tenter de réguler l'expression, comme Twitter qui s'est efforcé de mettre en place des dispositifs pour dissuader la publication de messages agressifs. Mais la réalité est que les volumes sont tels que le contrôle est tout simplement impossible aujourd'hui, même avec l'aide de l'intelligence artificielle. De plus, dès qu'un acteur tente de cadrer voire d'encadrer, les usagers se rebellent et trouvent un nouvel espace d'expression : en effet, lorsque l'expression est muselée, elle se déplace vers des lieux plus libres, elle ne se tait pas. On ne peut donc plus empêcher l'opinion de s'exprimer sur tout, on ne peut que tenter d'en limiter la portée. Les seules régulations efficaces sont celles menées par les communautés d'internautes dans une logique de responsabilisation, comme sur Reddit.

Dans la tentative de régulation par les États, les cas de TikTok et WeChat sont instructifs. Donald Trump avait interdit ces applications aux États-Unis en août 2020 et janvier 2021, considérant qu'elles représentaient un risque pour la sécurité nationale en donnant accès au Parti communiste chinois à des informations confidentielles qui lui permettraient de faire chanter les citoyens américains. L'administration Trump avait même essayé de forcer TikTok à se vendre à une société américaine. Arrivé au pouvoir, Joe Biden a quant à lui renoncé à interdire les deux applications, tout d'abord parce qu'un tribunal américain avait déjà suspendu les décrets de son prédécesseur et qu'il était par conséquent important de donner l'impression de maîtriser la situation, mais aussi parce que cette interdiction ne fonctionnait pas. Depuis, TikTok reste très critiqué et les fonctionnaires d'un nombre croissant de pays occidentaux se voient demander de supprimer l'application de leur téléphone, en raison de risques accrus de cybercriminalité mais aussi et surtout à cause d'enjeux géopolitiques majeurs. Les usagers ordinaires, eux, ne se sentent pas réellement concernés : partant souvent du principe que leurs données personnelles ne sont pas plus protégées sur les applications aux mains des GAFAM américains, ils privilégient les réseaux qui répondent à leurs besoins, à leurs pratiques et à leurs attentes.

Parmi les dérives unanimement reconnues, on peut citer le foisonnement des fausses informations et les problèmes liés aux bulles algorithmiques (voir chapitre VI), sans compter le vrai danger que représentent le *deep fake* et les fausses images créées par les logiciels d'intelligence artificielle générative qui nous conduisent peu à peu vers un monde effrayant où les images peuvent nous tromper aisément. La simple régulation ne suffira certainement pas à endiguer ou à maîtriser ces phénomènes. Les réponses se trouvent donc dans l'éducation et dans l'autorégulation. Il est indispensable de donner des moyens aux utilisateurs d'identifier les failles, les mauvais comportements et les informations manipulées ou fausses, de les signaler et de suivre les signalements effectués. Le problème de la régulation actuelle, au-delà de son inefficacité, est que ce sont *in fine* les plateformes, donc des sociétés privées, qui ont le dernier mot, selon des règles, nous l'avons vu, qu'elles n'affichent pas aussi clairement qu'on pourrait l'espérer, d'autant que leurs intérêts ne sont pas nécessairement compatibles avec l'éthique. Twitter et sa relation complexe avec Donald Trump en est un bon exemple :

le compte de l'ancien président a été fermé par la plateforme après avoir été autorisé des années, car il générait du trafic sur le site et en assurait la promotion mondiale. De plus, il est aujourd'hui prouvé que le partage des fausses informations génère plus d'audience et de trafic que celui des vraies, et le modèle économique des plateformes étant fondé sur la monétisation de leur audience, on comprend toute la complexité de leur situation et l'ambivalence de leurs choix : investir dans la modération et dans le contrôle finit pour elles par être contre-productif. Les effets que l'absence de régulation pourrait avoir sur la réputation des plateformes constituent sans doute l'un des moteurs les plus efficaces. C'est d'ailleurs dans cette logique que YouTube avait décidé de retirer des vidéos de Jair Bolsonaro pour avoir tenu des propos assimilés à de la désinformation.

La formation des internautes est encore trop faible, et pour plusieurs raisons. Tout d'abord parce que ces pratiques sont nouvelles et qu'elles évoluent constamment. C'est un changement de paradigme, une nouvelle approche tant dans la gestion du contenu que dans son partage. Or, on part souvent du principe que les jeunes générations, parce qu'elles sont nées avec ces outils et les ont toujours connus, maîtrisent les réseaux sociaux. Ce n'est pas si simple, comme le prouve le fait qu'elles ne sachent pas mieux que les autres remonter à la source d'une information. Il serait judicieux de mieux leur enseigner, au cours de leur scolarité, à évaluer la valeur d'une source et à vérifier la véracité d'une information.

Un autre élément qui rend une formation universelle complexe est l'appétence des individus envers les outils numériques. Oui, c'est un métier et il ne correspond pas à tous les profils. Ce sont même des professions bien déterminées qui utilisent au quotidien ces outils. Cela va de l'animation de réseaux sociaux pour le *Community Manager* à la stratégie et au ciblage pour le *Social Media Manager*, en passant par la maîtrise de la technologie pour certains développeurs ou la capacité d'analyse pour les gestionnaires de données. Les nouveaux métiers liés aux réseaux sociaux sont variés et nécessitent des formations et une mise à niveau constante. Ils ne sont donc pas à la portée de tous, mais les pratiques de ces professions pourraient au moins être compréhensibles par le grand public si elles étaient expliquées et transparentes. Les métiers de la recherche et de l'analyse aussi évoluent : il ne suffit plus de maîtriser le langage booléen, il faut aussi être capable de faire une cartographie pointue et de la rendre opérationnelle pour bien l'utiliser.

Bien que complexe à réguler, il faut noter que la dérive de l'expression a des conséquences extrêmement graves, notamment le cyberharcèlement et le développement de la haine en ligne, véritables fléaux contre lesquels les internautes se mobilisent de plus en plus.

Le cyberharcèlement, aussi appelé « cyberintimidation », *cyberbullying* ou *cyberstalking*, n'épargne personne : 62 % des Français déclarent ainsi avoir subi des incivilités en ligne, selon le Safer Internet Day 2020. Près de 60 % des jeunes âgés de 18 à 25 ans ont déjà été victimes de cyberharcèlement, d'après une étude publiée par e-Enfance, une association qui gère le 3018, le numéro national pour les victimes de violences numériques. Nombre d'affaires judiciaires ont d'ailleurs défrayé la chronique ces dernières années (Ligue du LOL, Nadia Daam, Mila...). Pourtant, beaucoup de jeunes gens ont encore du mal à cerner la notion de cyberharcèlement : là encore, la formation est indispensable. En effet, dans une étude menée à l'automne 2020 par e-Enfance, 27 % des adolescents expliquent « liker », commenter ou partager un commentaire insultant « pour rigoler » et 26 % « pour faire comme les autres ». Pour 15 % d'entre eux, il ne s'agit pas de cyberharcèlement, preuve qu'ils n'ont pas toujours conscience de la gravité de leurs actes.

Le cyberharcèlement regroupe plusieurs types d'attaques, qu'il importe de distinguer pour mieux les identifier par la suite. On parle ainsi de *happy slapping* (littéralement, « baffer joyeusement ») pour la diffusion sur Internet de vidéos d'agressions physiques, ou de *revenge porn* (vengeance pornographique), pratique consistant à diffuser des photographies ou vidéos présentant un caractère sexuel, sans l'accord de la personne concernée. Le *doxing* est la publication d'informations relatives à la vie privée, familiale ou professionnelle d'une personne permettant de la localiser aux fins de l'exposer (ou d'exposer ses proches) à un risque direct d'atteinte à la personne ou aux biens. Enfin, on classe aussi dans le cyberharcèlement le délit dit « de captation, d'enregistrement et de transmission d'images impudiques » commis à l'insu ou sans le consentement de la personne.

Le cyberharcèlement a des conséquences dramatiques pour les victimes et il est de plus en plus fréquent dans notre société hyperconnectée. Derrière son écran, le harceleur peut se cacher facilement, tandis que la victime est en butte à la désocialisation, à des cas d'anxiété et de phobie scolaire, à la somatisation et parfois à la dépression, qui peut entraîner des tentatives de suicide. Le harcèlement engendre chez la victime un sentiment de honte et une perte d'estime de soi, la rendant encore plus susceptible d'être harcelée, ce qui la fait entrer dans un véritable cercle vicieux. Mais comment lutter contre ce fléau ? Il faut déjà savoir l'identifier, par exemple en prêtant une attention particulière à l'effet de groupe, afin de déterminer si plusieurs individus importunent une seule et même personne. La violence qui s'exerce dans le cyberharcèlement peut être verbale, par des insultes, un dénigrement constant ou une incitation récurrente au suicide, ou morale, en portant atteinte publiquement à la réputation de la victime. Une fois ces signes identifiés, il faut les signaler. Mais là commencent les difficultés et l'approche parfois ubuesque des plateformes et du cadre législatif.

En effet, l'autorégulation des discours haineux en ligne mise en place par un certain nombre de réseaux sociaux est totalement insuffisante. Depuis mai 2016, certaines plateformes comme Facebook, Twitter, Instagram, YouTube et Webedia (qui détient notamment les sites AlloCiné, PurePeople, mais aussi le tristement célèbre Jeuxvideos.com) se sont engagées, dans le cadre d'un code de bonne conduite, à examiner les demandes de suppression de contenus de haine en ligne en moins de 24 heures. Mais la réalité du traitement de ces demandes est obscure, et ces dernières restent souvent sans réponse. Il en est de même pour les signalements par des internautes, puisque aucun suivi n'est effectué auprès de celui qui l'effectue, et pour les demandes qui concernent directement les internautes eux-mêmes. En effet, lorsque des données personnelles (nom, prénom, adresse...) sont publiquement diffusées, la victime peut en demander la suppression auprès du site ou réseau social concerné. Les informations doivent normalement être effacées sous un mois, trois en cas de demande complexe. Autant dire une éternité, et qui n'est pas à la mesure du danger réel que représente le *doxing*. Ces manquements ne sont toutefois pas nécessairement dus à une mauvaise volonté de la part des plateformes numériques, mais plutôt à un volume de données à traiter chaque jour plus important.

Rappelons aussi que les cyberviolences peuvent se combattre avec l'arsenal juridique déjà en vigueur, même si leurs auteurs restent souvent impunis. Bien sûr, le cyberharceleur, qu'il ait agi seul ou en groupe, est le premier responsable des contenus haineux diffusés en ligne, et il encourt une peine allant de deux à trois ans d'emprisonnement et une amende de 30 000 à 45 000 €, selon la nature (morale ou sexuelle) du harcèlement. Cependant, sont également responsables, depuis la loi Schiappa de 2018, les co-auteurs, c'est-à-dire ceux qui relaient les propos harcelants, que ce soit par des partages, des commentaires, des retweets, des *likes* ou par tout autre moyen. Il s'agit de ce qu'on appelle des « raids numériques » ou du « harcèlement de meute ». Par conséquent, tout individu ayant participé, même par un acte unique et sans concertation, au cyberharcèlement en groupe d'une personne peut être incriminé. Le Conseil constitutionnel a également précisé que la responsabilité d'un hébergeur n'ayant pas retiré une information dénoncée comme illicite par un tiers ne peut être engagée « si elle ne présente pas manifestement un tel caractère ou si son retrait n'a pas été ordonné par un juge ». Les plateformes ne sont donc pas soumises à une obligation de surveillance ou de filtrage des contenus rendus disponibles, et l'hébergeur n'est présumé avoir connaissance des faits qu'à partir du moment où il en est notifié. On comprend mieux pourquoi les identifications restent très difficiles, les plateformes n'étant pas toujours très coopératives. Les condamnations sont rares et le sentiment d'impunité reste fort.

« Il est urgent de lutter contre ce fléau. Les choses doivent se déclencher rapidement et de manière systématique », a déclaré la sénatrice (Les Indépendants) Colette Mélot, rapporteur de la mission d'information sur le harcèlement scolaire et le cyberharcèlement, après la mort d'Alisha, jetée dans la Seine par deux de ses camarades. Le téléphone de cette collégienne de 14 ans avait été piraté et des photos d'elle en sous-vêtements circulaient sur Snapchat.

Les internautes veulent agir et, pour cela, réclament des moyens de signaler les contenus haineux et de suivre leur signalement. Ils demandent aussi la possibilité de faire retirer instantanément leurs données personnelles sans avoir à attendre ni à remplir des formulaires de justification. Le principe de surveillance des espaces et de détection du cyberharcèlement par les internautes eux-mêmes est une demande réaliste, mais encore ignorée, sans doute parce qu'on oublie la force de l'intelligence collective et que le réflexe de contrôle par les institutions reste fort. D'ailleurs, on constate, ce qui reste positif, que les demandes effectuées via des associations sont désormais bien prises en compte par les plateformes, probablement parce que ce sont des tiers de confiance institutionnels, mais leur nombre est limité et leurs actions ne seront jamais aussi larges que celles que les internautes pourraient eux-mêmes mener. Les signalements émanant de victimes mineures que l'association e-Enfance signale aux plateformes sont ainsi traités prioritairement. « Dans l'heure qui suit, les contenus illégaux sont supprimés. Il peut y avoir des allers-retours, mais nous sommes globalement satisfaits des relations entretenues avec les réseaux sociaux. Après, tout le monde est d'accord pour dire qu'ils ont beaucoup d'efforts à faire en termes de prévention, de filtrage, de modération », a ainsi déclaré Justine Atlan, la directrice de l'association. Les géants du numérique n'ont pas investi dans le domaine de la modération des contenus lors de leur création. Sous la pression politique, des usagers eux-mêmes et des événements, ils sont désormais contraints de s'améliorer. « Pour ces réseaux sociaux, qui marchent au "*named and shamed*" le procès Mila est un préjudice important », a ajouté Justine Atlan.

Cette affaire est exemplaire en de nombreux points, à commencer par sa gestion juridique. Les prévenus de l'affaire Mila, une lycéenne victime d'un harcèlement en ligne sans précédent en 2020 pour avoir critiqué l'islam dans une vidéo postée sur Instagram, ne semblaient pas avoir conscience de la gravité et de l'illégalité de leurs actes. Pour eux, il s'agissait de faits sans importance, puisqu'on écrit et on s'énerve en ligne au quotidien. En réalité, plus que de cyberharcèlement, il s'agissait d'un véritable lynchage numérique, avec des centaines de milliers de messages de haine déversés contre la jeune fille, devenue pour certains un symbole de la liberté d'expression. Sur l'ensemble de ces messages, seuls treize auteurs ont été traduits en justice pour cyberharcèlement, ce qui prouve la difficulté de sanctionner efficacement ces actes et explique la persistance de ce sentiment d'impunité des harceleurs.

La création d'un pôle spécialisé sur ces questions, au sein du Tribunal judiciaire de Paris, et les premières condamnations illustrent l'évolution de la prise en compte de la haine en ligne et de du cyberharcèlement. Mais le chemin est encore long et complexe. Si une enquête judiciaire est ouverte, les autorités peuvent solliciter les plateformes où l'infraction a été commise afin de leur demander des informations pour identifier les auteurs. Celles-ci ont l'obligation de coopérer mais ne le font pas toujours et leur délai de réponse est variable, de quelques heures à plusieurs jours. En cas d'absence de réponse, les victimes portent de plus en plus plainte contre les plateformes pour « refus de déférer à une demande d'une autorité judiciaire » et « complicité de délit d'injures publiques ». Le fait que certains réseaux sociaux n'aient pas de représentants légaux en France peut également compliquer la tâche des enquêteurs.

La prise de parole des victimes leur permet de trouver un certain réconfort dans la reconnaissance par la société du fait qu'il s'agit d'un fléau non pas individuel mais bel et bien général, pouvant frapper tout un chacun. La libération de la parole et l'effet de groupe qui en découle peuvent également permettre à la victime de modifier sa perception de son agression, afin qu'elle comprenne que son témoignage est primordial à l'évolution des codes sociaux et moraux, ce qui fait d'elle, en quelque sorte, un acteur politique.

C'est ce qui s'est passé avec le mouvement #MeToo, où la multiplication des témoignages individuels a conduit à une réelle libération de la parole, d'envergure internationale. Grâce à l'unanimité de l'opinion sur l'atrocité des faits, mais surtout le courage des premières victimes à témoigner, des milliers d'autres ont enfin pu trouver la force de prendre la parole, comme par effet boule de neige. Ayant débuté principalement en ligne, le mouvement a également permis à beaucoup de victimes prêtes à témoigner de trouver une forme de confort et de sécurité dans leur anonymat et de se réapproprier les réseaux sociaux comme des espaces où leur parole est entendue, partagée et relayée.

Les pratiques de harcèlement et d'agressions ont définitivement changé avec les réseaux sociaux : ce sont les reflets de notre société, mais des reflets déformés. Dans le cadre de l'affaire Mila, par exemple, les harceleurs se seraient-ils exprimés de cette façon dans la vraie vie, dans la rue ou à l'école ? Les insultes auraient-elles été aussi virulentes ? Cela n'aurait certainement pas été dans les proportions atteintes en ligne. Ceux qui ont menacé la jeune femme auraient aussi sans doute mieux pris conscience de leurs actions et de leurs conséquences, ce qui montre clairement la nécessité de la formation et de l'éducation à l'expression en ligne.

Au-delà de la transparence des plateformes et de l'efficacité des signalements effectués par les internautes, il existe de nombreuses solutions pour tenter de canaliser les dérives de l'expression sur les réseaux sociaux, à commencer par celle qui a la faveur des États et des politiciens : la censure. Avant d'arriver à cette solution ultime, examinons les autres possibilités.

Aujourd'hui, les plateformes utilisent l'intelligence artificielle pour modérer, voire censurer. L'exemple du portrait de Gala avec un sein dénudé, évoqué précédemment, qui est retiré instantanément lorsqu'il est publié sur Instagram sous prétexte qu'il contreviendrait aux règles édictées par la plateforme sur l'image du corps des femmes, en est une bonne illustration. Ce n'est pas tant le principe de protection que le caractère systématique et arbitraire de la décision qui est à interroger. Des robots et des algorithmes capables de reconnaître les images constituent-ils la solution pour nous préserver des contenus choquants ? La violence, elle, est masquée par un filtre qui avertit que le contenu risque de heurter la sensibilité de l'utilisateur, mais il n'y a pas de censure en tant que telle : l'image n'est pas retirée. L'antisémitisme et le racisme sont quant à eux censurés uniquement sur des mots-clés… mais les propos comme ceux du mème antisémite « Mais qui ? », apparu sur Internet en 2021 puis repris comme slogan sur des pancartes lors des manifestations anti-passe sanitaire, qui accuse implicitement les Juifs d'être responsables de divers maux, échappent aux filtres de l'intelligence artificielle. Et c'est là qu'on mesure la force de l'intelligence collective, et qu'on voit que le *fact checking* peut reprendre la main sur les contenus postés. Ainsi, la photo de la pancarte d'une jeune femme ayant manifesté à Metz le 7 août 2021 et repostée en ligne, qui n'a pas été repérée par les logiciels d'intelligence artificielle, l'a été par les internautes. C'est finalement l'autorégulation entre usagers qui a été plus efficace : pour faire retirer l'image et identifier la manifestante, ce qui a mené par la suite à sa condamnation à six mois de prison avec sursis, le collectif s'est mobilisé efficacement.

Pour réguler et tenter de maîtriser les dérives de l'expression, les plateformes utilisent, sans l'admettre, le *shadow ban* (ou bannissement furtif). L'objectif est de réduire la portée d'un contenu ; c'est une punition infligée par les plateformes qui exclut temporairement un compte de l'algorithme du réseau sans le lui notifier. La pratique, bien qu'observée par de nombreux internautes, n'est cependant pas officiellement reconnue. Même si le but recherché est clair, son application fondée sur des règles obscures suscite le questionnement et la contestation.

Personne ne connaît la formule des algorithmes de captation ni de suggestion. Comme cela a été dit sur le Conseil de surveillance de Facebook (l'organe qui prend des décisions de modération du contenu, entré en fonction à la fin de l'année 2020), l'éclairage fourni par la plateforme sur la régulation d'un contenu est aléatoire et ne s'apparente qu'à un simulacre de justice. Le *shadow ban* est connu de tous, mais n'existe pas officiellement, il est donc impossible de savoir selon quelles règles il est appliqué. Une vidéo d'abord tolérée sur Facebook peut ainsi se trouver déréférencée quelques mois plus tard, sans que l'on sache si c'est dû au choix personnel d'un modérateur ou à un changement des règles d'usage de la plateforme. Plutôt que de restreindre la liberté d'expression des utilisateurs, pourquoi ne pas s'attaquer à cette opacité ? Pourquoi ne pas créer des institutions publiques dédiées à l'analyse des algorithmes et des modèles économiques de ces grands groupes pour favoriser la transparence ? Et pourquoi ne pas prévenir les usagers et leur envoyer des messages d'explication avant de passer à l'action ?

Parmi les diverses solutions, la transparence sur les règles de régulation et de fonctionnement constitue sans doute l'une de celles à privilégier. Un pouvoir accru laissé aux usagers et l'autorégulation dans un cadre clair et bien défini sont aussi des pistes à étudier. La démocratie représentative ne peut fonctionner que sur une forme de tolérance et de confiance. Il faut donc envisager la co-construction de la modération, en formant le grand public (par exemple, dès l'enfance, avec un programme de sensibilisation dans les écoles) et en responsabilisant les usagers eux-mêmes, par exemple en leur laissant le choix de leur propre algorithme de contenu, afin qu'ils déterminent s'ils souhaitent que leurs publications apparaissent en priorité auprès de leurs amis, de ceux qui partagent leurs opinions ou au contraire de ceux qui s'y opposent.

La solution est peut-être le partage de la connaissance, et donc de passer à l'ère de la transparence de la part des plateformes, par exemple sur le fonctionnement de leurs algorithmes et des régulations de contenu ainsi que sur le devenir des signalements effectués.

Il s'agirait donc de faire confiance à l'intelligence collective en complément de l'intelligence artificielle, de laisser les internautes s'autoréguler, comme on l'a montré précédemment avec l'exemple de Reddit (voir chapitre IX), de leur permettre de choisir ce à quoi ils souhaitent être exposés ou non. Quoi qu'il en soit, réguler et contrôler sans informer les utilisateurs finit par les déresponsabiliser et par être contre-productif en leur donnant l'impression que leurs actes ne sont pas graves, comme on a pu le voir avec l'affaire Mila.

Dans tous les cas, la censure n'est pas la solution, car l'expression ressurgira ailleurs, autrement, et souvent en cachette, la rendant encore plus pernicieuse.

XI

Faire confiance à l'intelligence collective en complément de l'intelligence artificielle

La popularité du Premier ministre Édouard Philippe durant la pandémie s'explique en partie par la confiance qu'il avait réussi, durant un temps, à instaurer avec les Français. En effet, il a utilisé des codes nouveaux en leur présentant les décisions de l'exécutif avec clarté et humilité, en admettant qu'il n'avait pas toutes les réponses et en confiant ses doutes. Cette nouvelle forme de communication a alors donné l'impression d'un parler-vrai et d'une certaine authenticité. C'est d'ailleurs précisément ce que les internautes appréciaient dans les « Facebook Live » de 30 minutes que le Premier ministre avait mis en place en 2017, même si le succès d'audience restait faible. Ces vidéos en direct ont été supprimées au moment de la pandémie alors qu'elles auraient très certainement été un support d'échanges et un moyen de maintenir un lien avec l'exécutif dans un moment si particulier. Alors, pourquoi avoir abandonné un outil aussi efficace pour maintenir une forme de confiance dans un moment où ce socle se révélait pourtant indispensable ? Sans doute parce que le réflexe premier d'un politicien est la maîtrise, et plus fortement encore en cas de crise, et que l'expression sincère et sans filtre sur les réseaux sociaux demande une forme de lâcher-prise. Nous l'avons dit, le fonctionnement des plateformes numériques est à l'opposé de celui du monde politique : ses membres réclament une confiance aveugle qu'ils n'accordent à l'inverse pas toujours aux citoyens. Ils devraient au contraire adopter une communication responsabilisante et non infantilisante, fondée sur une confiance mutuelle.

L'opinion est aujourd'hui surinformée et, sur les réseaux sociaux, les déclarations des politiciens et des élites sont décortiquées et analysées sans tabous ; il est donc dangereux de mentir par omission ou « pour la bonne cause », en pensant que les internautes ne comprendraient pas un discours de vérité. En effet, si le doute s'installe, la confiance disparaît aussitôt. On ne peut bâtir la confiance ni dans le mensonge, ni dans le mépris et certainement pas dans le manque de dialogue. En cela, les « Facebook Live » du Premier ministre étaient en parfaite adéquation avec les nouveaux codes que les réseaux sociaux ont instaurés.

Les citoyens semblent toujours moins faire confiance à ce qui est rapporté par les médias, et les plus jeunes ne les consultent même plus. D'ailleurs, le taux de confiance dans les médias reste très faible : 29 % des Français disent pouvoir croire les actualités la plupart du temps (un chiffre en baisse de 10 % depuis 2015) tandis que 24 % se fient aux informations qu'ils trouvent sur Internet[1]. On le voit, les citoyens s'en remettent davantage à leurs proches et à leurs pairs qu'aux médias et aux élites. Cependant, Twitter, la plateforme préférée des journalistes, des communicants de tout bord et du monde politique, n'attire en Europe que 9 % des Internautes pour s'informer. Facebook (40 %) et YouTube (23 %) y passent davantage pour des sources d'information fiables.

La confiance est en fait le fondement des réseaux sociaux, ce qui explique le succès d'espaces comme le site « Gens de confiance », qui fonctionne sur une logique de cooptation. Mais cette confiance a également été dévoyée par les systèmes de notation qui pullulent sur les applications. Ces dérives ont d'ailleurs inspiré un épisode de la série *Black mirror*, où une jeune femme perdant peu à peu ses différentes étoiles de notation finit par être bannie de la société. Cette fiction rappelle tristement la réalité avec le système de crédit social qui est en vigueur en Chine depuis 2014 et qui donne accès à un certain nombre de services, ou en exclut.

---

1. Baromètre de confiance dans les médias Kantar-Onepoint pour *La Croix*, 2022.

Quand on parle de la puissance de la confiance, on ne se réfère pas à celle définie par les notations, mais à la confiance réciproque entre émetteur et récepteur. Celle-ci devient une force qui permet de partager les informations et de lutter contre la désinformation.

On parle souvent des infox relayées autour du Covid-19 depuis le début de la pandémie. Certes, elles ont été très nombreuses, mais on oublie souvent d'évoquer l'autre facette de l'information échangée par les Français sur Internet. En effet, la viralité et la puissance de conviction sur les différents réseaux sociaux ont aussi été largement utilisées par les internautes pour diffuser leurs connaissances. Les vidéos explicatives et didactiques, le partage d'expériences et les infographies ont constitué autant d'informations factuelles qui ont fait évoluer l'opinion.

Ainsi, les milliers de vidéos réalisées par des internautes pour répondre aux doutes sur le vaccin contre le Covid-19 ont été beaucoup plus efficaces que les publicités maladroites du gouvernement. Ces films et supports d'informations étaient créatifs et concrets, ils apportaient des informations et permettaient de dialoguer et d'échanger. Ils avaient surtout un atout majeur, celui d'être émis par des pairs, donc des gens en qui les citoyens avaient confiance. Ils étaient variés et s'adressaient à des publics différents, allant des dessins animés qui expliquaient le fonctionnement d'un vaccin aux vidéos didactiques d'experts. Celle de Dr Nozman, un jeune homme spécialisé dans la vulgarisation scientifique et qui compte plus de 4 millions d'abonnés sur YouTube, est révélatrice de cette approche et de la capacité à faire évoluer l'opinion. Postée en janvier 2021, sa vidéo a rapidement dépassé 1,7 million de vues et a été largement commentée. Ce type de partage d'information a nettement contribué à faire évoluer l'opinion sur les vaccins. Ainsi, en juillet 2021, 81 % des Français se disaient prêts à se faire vacciner contre le Covid-19, contre seulement 42 % en décembre 2020[1]. Certes, les informations échangées par les internautes ne sont pas la seule explication à ce retournement de l'opinion publique, mais leur rôle est indéniable.

Cette force du partage d'information technique de façon simple, claire et non méprisante n'est pas réservée au domaine médical et scientifique. En effet, on a pu constater le même type d'effet avec les vidéos et infographies diffusées sur Facebook durant la crise des Gilets jaunes. Elles expliquaient par exemple le fonctionnement de la TVA, et plus exactement la notion « d'impôt sur l'impôt » avec le cas de la TVA sur les carburants. Cela a conduit un grand nombre de Français, du moins dans un premier temps, à éprouver une certaine sympathie pour le mouvement, voire à le soutenir.

La première règle pour une expression positive sur les réseaux sociaux est donc la confiance mutuelle.

1. Sondages Odoxa pour *Le Figaro* et France Info en décembre 2020 et juillet 2021.

Celle-ci se construit sur la base de la transparence et de la sincérité. Bien évidemment, elle n'exclut pas le contrôle, mais ce dernier doit être clair et intelligible, afin de conforter les usagers dans un cadre rassurant. Les modalités de ce contrôle (par qui ? comment ? avec quelles conséquences ?) seront plus simples à définir s'il s'appuie sur la confiance dans le collectif.

XII

Quelle colonne vertébrale pour les réseaux sociaux demain ?

Transparence sur les principes de modération de contenu et les algorithmes, partage du pouvoir de régulation avec les usagers, construction collective des règles de fonctionnement : voilà les principales attentes des usagers. L'opinion, qui a conscience d'être devenu un pouvoir à part entière, souhaite désormais participer à l'avenir des réseaux sociaux.

On l'a vu, l'une des premières motivations pour participer aux actions de régulation sur les réseaux sociaux est le désir de protection face au cyberharcèlement et à la cyberviolence. Mais le besoin d'écoute et de préservation du débat démocratique et civil et l'envie de faire partie d'une large conversation positive et de pouvoir échanger en toute confiance avec ses pairs y contribuent aussi grandement.

L'avenir des plateformes numériques passera par une optimisation de leur image via de nouvelles modalités d'organisation de la modération. Il leur est désormais impossible de ne plus communiquer positivement et de façon segmentée, raison pour laquelle elles utilisent aujourd'hui les leviers classiques voire traditionnels de la publicité et le marketing pour faire évoluer leur image : tenter de mettre en avant les bénéfices qu'elles apportent à la société et communiquer dans un large panel de médias traditionnels en adaptant leur discours aux profils des lecteurs. Or, cette approche n'est plus possible : la nouvelle exigence d'égalité par la contribution et le dialogue s'accompagne d'une nécessité de sincérité et de transparence. Les plateformes doivent d'abord changer leur organisation autour d'une modération participative, et ensuite communiquer. Elles doivent aligner actes et paroles. Ce sera le seul moyen de redorer leur image et d'assurer leur survie sur le long terme, puisque les seules fautes impardonnables aujourd'hui pour l'opinion sont le manque de sincérité et la dissimulation.

Pour satisfaire les attentes du public et son besoin irrépressible d'expression sur les réseaux sociaux, il est devenu indispensable et urgent de contrer la manipulation des masses sur Internet et d'y apporter des solutions crédibles, qui passeront par des combinaisons d'actions complémentaires, dont le fait de s'appuyer sur les internautes eux-mêmes.

L'exemple du mouvement #BuyTwitter est éloquent, puisqu'il a été suffisamment puissant pour finir parmi les cinq propositions envisagées lors de l'assemblée générale annuelle de la plateforme en 2017. Il défendait l'idée d'un fonctionnement très différent, partant du principe que si le réseau appartenait à sa communauté, il disposait de sources de revenus solides, puisque ses utilisateurs, devenant actionnaires majoritaires en tant que copropriétaires, auraient intérêt à son succès. Pour cela, la mise en place de règles responsables et transparentes pour éviter les abus était vue comme un préliminaire indispensable. Cette motion a toutefois été rejetée, car à l'époque, il semblait très difficile, voire impossible de transformer ainsi Twitter en coopérative.

L'avenir verra peut-être naître prochainement d'autres plateformes suivant cette logique, comme Stocky, qui rassemble photographes et réalisateurs et leur donne la possibilité de sécuriser les droits d'exploitation de leur travail. Mais pour vraiment moderniser les plateformes, il faut réinventer leurs algorithmes et leur mode de fonctionnement. Comme Facebook l'a montré, les réseaux sociaux ont l'immense pouvoir d'altérer nos préférences, de stimuler ou d'entraver l'extrémisme et d'influencer nos émotions grâce à des lignes de code.

Demain, le virtuel risque aussi de devenir le nouveau réel. Les tentatives de Meta avec le métavers en sont la démonstration, même si pour le moment son succès reste limité. En revanche, la question des réseaux sociaux comme principale fenêtre sur le réel est plus que jamais d'actualité. Selon une étude de 2014 réalisée par l'Université de Pittsburgh sur les jeunes adultes de 19 à 32 ans, les individus qui passent plus de deux heures par jour sur les réseaux sociaux ont deux fois plus de risques de se sentir isolés socialement par rapport à ceux qui y consacrent moins d'une demi-heure quotidienne. Il s'agit donc de prendre aussi en compte cette réalité : le sentiment de solitude au sein du collectif. L'éducation aux réseaux sociaux sera sans doute la clé.

Comprendre comment ces espaces fonctionnent, en maîtriser les atouts et les dangers, connaître les règles de modération et leur philosophie, apprendre à mesurer les limites de l'expression et du respect de l'autre, savoir identifier le cyberharcèlement et la cyberviolence, en comprendre les conséquences pour les victimes comme pour les auteurs, appréhender le modèle économique des plateformes... Voilà quelques pistes de réflexions sur l'éducation des internautes. Mais on le voit, le vrai sujet est celui de la société. Les réseaux n'en sont que le reflet déformé.

En définitive, pour que le cinquième pouvoir devienne positif et constructif, les plateformes doivent avancer avec les internautes et s'appuyer sur la force du collaboratif. Le cinquième pouvoir n'est pas celui d'Internet : c'est celui de l'opinion, et donc du collectif.

Sources et bibliographie

Chapitre I

La Sociologie des réseaux sociaux, Pierre Mercklé, Paris, La Découverte, coll. « Repères », 2016.

« Bref historique de l'Internet », Barry M. Leiner, Vinton G. Cerf, David D. Clark, Robert E. Kahn, Leonard Kleinrock, Daniel C. Lynch, Jon Postel, Larry G. Roberts, Stephen Wolf, Internet society.org, 1997.

La Civilisation du poisson rouge : petit traité sur le marché de l'attention, Bruno Patino, Paris, Grasset, 2019.

« Class and Committes in a Norwegian Island Parish », J. A. Barnes, *Human Relations*, 1954, 7(1), p. 39-58.

Chapitre III

« Les réseaux sociaux, miroirs de solitudes ? », Marie Deshayes, *Sciences humaines*, juin 2017.

« Jean Castex sur Twitch : une révolution ? », Frédéric Says, Radio France, 15 mars 2021.

Chapitre IV

Le blog du modérateur : https://www.blogdumoderateur.com/

LeMagIT : https://www.lemagit.fr/

Internet Retailing : https://internetretailing.net/

Agences We are social : https://wearesocial.com/fr/blog/2022/01/digital-2022/ ; Idaos : https://www.idaos.com/blog ; La Social Room : https://www.lasocialroom.com/blog ; Les Makers : https://lesmakers.fr/blog ; Anthe design : https://www.anthedesign.fr/actualite/.

Blog BlookUp : https://www.blookup.com/fr/blog/

Blog Digimind : https://blog.digimind.com/fr/

Blog HobSpot : https://blog.hubspot.fr/

Blog Choses à Savoir : https://www.chosesasavoir.com/

Site Bien vivre le digital : https://bienvivreledigital.orange.fr/

Statista : https://fr.statista.com/

« Twitch se déploie dans le monde réel pour attirer plus d'utilisateurs », Thibault Azoulay, *Les Échos*, 9 août 2022.

« Comment l'application TikTok a détrôné Facebook », Emma Confrère, *Le Figaro*, 10 août 2021.

« Pixel War : la France s'impose dans la guerre des pixels sur Reddit », IMM, 6 avril 2022.

« Comment le réseau BeReal invente une nouvelle esthétique », Marine Protais, L'ADN, 5 décembre 2022.

« Clubhouse, le réseau social où se parlent les entrepreneurs », Bogdan Bodnar, *Le Parisien*, 24 mars 2021.

« Clubhouse : tout savoir sur le réseau social dont tout le monde parle », Alexandre Schmid, Phonandroid, 22 juillet 2021.

« Parler, Truth Social, Gab… La difficile survie des réseaux sociaux d'extrême droite », Damien LELOUP, *Le Monde*, 29 mars 2022.

CHAPITRE V

Nouveau (contre) pouvoir, Jeremy HEIMANS et Henry TIMMS, Paris, Plon, 2019.

« Crise des migrants : ce qu'a fait l'Europe, un an après la mort d'Aylan Kurdi », *Le Monde*, 2 septembre 2016.

CHAPITRE VI

L'archipel français, naissance d'une nation multiple et divisée, Jérôme FOURQUET, Paris, Éd. du Seuil, 2019.

« Jérôme Fourquet : "La fragmentation de la société française est sans précédent" », Isabelle FICEK et Grégoire POUSSIELGUE, *Les Échos*, 15 mars 2019.

Select Committee on Deliberate Online Falsehoods – Causes, Consequences and Countermeasures, written representation 36, 22 février 2018.

« Comment les réseaux sociaux nous enferment dans des bulles de filtres ! », David DELMI, *Bilan*, 12 septembre 2019.

« Un blogueur piège des sites d'extrême droite avec une fake news », *Ouest France*, 2 mars 2018.

« Influence et manipulation sur les réseaux sociaux », Paul ARMAND, Psychorganisons, 28 décembre 2019.

« Comment ne pas tomber dans le piège de l'astroturfing », Olivier MEIER, *Harvard Business Review*, 23 novembre 2022.

« Fake, manipulations et réseaux sociaux : pourquoi il faut vite comprendre ce qu'est "l'astroturfing" », France Fraternités, 9 février 2017.

« Fake, manipulations et réseaux sociaux : pourquoi il faut vite comprendre ce qu'est l'astroturfing selon Fabrice Epelboin », Agathe AUPROUX, *Les Inrockuptiles*, 6 février 2017.

« The Epoch Times, ce mystérieux média sino-américain distribué aux anti-passe sanitaire », Claudia COHEN, *Le Figaro*, 13 août 2021.

« Complotisme et contre-vérités scientifiques », étude Ifop pour AMB-USA réalisée début 2023 auprès d'un échantillon national représentatif de 1113 Américains âgés de 18 ans et plus et 1018 Français âgés de 18 ans et plus.

CHAPITRE VII

Réseaux sociaux et entreprise : les bonnes pratiques. Facebook, Twitter, Google +, LinkedIn, Youtube…, Christiane BALAGUÉ et David FAYON, Londres, Pearson, 2011.

« Internet access is not a human right », Vinton G. CERF, *The New York Times*, 4 janvier 2012.

« Though not especially productive in passing bills, the 116 th Congress set new marks for social media use », Pew Research Center, 25 janvier 2021.

« Les partis politiques et l'outil numérique », Michaël BARDIN, *Pouvoirs*, vol. 163, n° 4, 2017, p. 43-54.

« Régionales 2021 : dans les Hauts-de-France, Xavier Bertrand savoure son score surprise et pense déjà à la présidentielle », Laurie Moniez et Solenn de Royer, *Le Monde*, 21 juin 2021.

« Instagram s'attaque aux influenceurs », Élisa Braun et Alexis Zema, *Le Figaro*, 24 juillet 2019.

Chapitre VIII

Netblocks : https://netblocks.org/

« Comment la Macédoine s'est retrouvée au cœur de la désinformation pro-Trump », BuzzFeed, 4 novembre 2016.

« Révolte en Iran : Téhéran coupe internet pour mieux réprimer les manifestations », *Sud Ouest*, 23 septembre 2022.

« Iran : internet coupé pour mieux réprimer les manifestations, accusent des ONG », *20 Minutes*, 23 septembre 2022.

« Sur les réseaux sociaux chinois, il faudra une autorisation pour parler économie et politique », *Courrier international*, 3 mars 2021.

« Les autorités chinoises ont fermé 400 000 comptes sur les réseaux sociaux en 2021 », *Courrier international*, 2 février 2022.

« Manifestations en Chine : face à la censure sur les réseaux sociaux, comment protester ? », Benjamin Beraud, TV5 Monde, 28 novembre 2022.

« Facebook bloque la presse australienne : ce qu'il faut savoir », Alexandra Patard, Blog du modérateur, 18 février 2021.

« Les manipulations de l'information : un défi pour nos démocraties », rapport du Centre d'analyse, de prévision et de stratégie (CAPS) du ministère de l'Europe et des Affaires étrangères et de l'Institut de recherche stratégique de l'École militaire (IRSEM) du ministère des Armées, J.-B. JEANGÈNE VILMER, A. ESCORCIA, M. GUILLAUME, J. HERRERA, Paris, août 2018.

CHAPITRE IX

« La révolte en réseau : le “printemps arabe” et les médias sociaux », David M. FARIS, *Politique étrangère*, 2012, n° 1, p. 99-109.

« Diplomacy development and security in the information age », Shanthi KALATHIL, Washington, Institute for the Study of Diplomacy, Georgetown University, 2013.

« “Gilet jaunes”, médias et Internet : les premiers enseignements », Arnaud MERCIER, *Sud Ouest*, 11 décembre 2018.

« Sur le web, les “gilets jaunes” apprennent à vitesse grand V », Géraldine DELACROIX, Mediapart, 7 décembre 2018.

« Le slacktivisme, ce concept qui pourrait relancer la participation des jeunes aux élections », Charlène DUPÉ, *Huffington Post*, 3 juin 2021.

CHAPITRE X

« Cyberharcèlement : quels outils contre ce fléau ? », Team aaa, 17 novembre 2021.

« Qu'est-ce que le shadow ban sur Instagram, et comment s'en sortir ? », Aurore GAYTE, Numerama, 19 juin 2022.

Remerciements

Pour leur aide et soutien :

Alban Saint Joigny, Charles-Emmanuel Dubarry de Lassale, Guillaume Brevet, Guillaume Robert, Sophie Richard, Victor Boury.

Pour leur amitié compréhensive :

Éric Garnet, Hélène Poncet, Nicolas Pfaff, Sophie Gautheron.

Table des matières

Composition : Le vent se lève...

Achevé d’imprimer
sur les presses de la Nouvelle Imprimerie Laballery
58500 Clamecy

N° d'impression : 304405
Achevé dimprimer : avril 2023
Dépôt légal : mai 2023

Imprimé en France